Précision: Comme de nombreuses expressions que nous utilisons pour parler du passé chinois, celle de "tradition confucianiste" nous induit en erreur et nous empêche d'appréhender la réalité historique. Les Chinois ne parlent pas de "tradition confucianiste", mais de "tradition *ru*" ou plutôt de "l'école des *ru*", *rujia*[1]. Le terme *ru* 儒, dont l'origine est mal connue, a désigné à partir de la fin de l'Antiquité pré-impériale et sous l'Empire des conseillers du prince, plus particulièrement ceux qui se référaient à la tradition écrite où était transmis le souvenir lointain de la fondation des Zhou. Le terme ne fait pas référence à Confucius. Le chinois ne connaît pas de mot qui corresponde à notre "confucianisme", mais une demi-douzaine de termes qui désignent des phénomènes historiques distincts, quoique liés entre eux, et que nous confondons faute de pouvoir les nommer.

Retour à l'histoire: la dynastie des Zhou a été fondée à la suite d'une victoire militaire qui a mis fin à la dynastie précédente, celle des Shang. Elle a été remportée par des chefs d'armées qui s'étaient alliés pour la circonstance. Ils ont eu l'idée de pérenniser

---

1. *Jou, jou-tsia.*

C'est donc de l'invention des Zhou qu'il faut partir pour comprendre la tradition politique chinoise. Si tu redoutes, aimable lectrice ou lecteur, d'être entraîné dans des contrées si lointaines et des siècles si reculés, songe à ceci : quand nous parlons de notre propre histoire, nous trouvons naturel de remonter à la cité grecque, où est née notre idée de la politique, et à la république romaine, autre fondement de notre civilisation. Une même démarche s'impose du côté chinois. Je vais d'abord rapidement dérouler devant toi le cours de l'histoire chinoise des Zhou jusqu'au commencement des temps modernes. Je reprendrai ensuite le fil de cette histoire pour en dégager ce que j'appelle la tradition politique chinoise.

La fondation des Zhou ne nous est connue par aucun témoignage direct ni aucun document d'époque, mais on peut la reconstituer d'après la tradition qui en est issue et qui n'a cessé de célébrer rétrospectivement ce moment premier. Il s'agit de la tradition confucianiste, que nous appelons ainsi parce que Confucius (env. 551-479) s'est efforcé de la restaurer pour remédier aux maux de son époque.

*l'histoire chinoise, d'après Spinoza* qui forme la seconde partie de *Chine trois fois muette* (Allia, 2000). Cet essai contient des développements que je ne reprends pas ici.

de la Chine, aux alentours de l'an 1050 avant notre ère. Un régime nouveau a été inventé à ce moment-là pour répondre à une situation imprévue. Ce régime est devenu la matrice de tous ceux qui se sont succédé jusqu'à la fin de l'empire en 1911 et à laquelle revient à sa façon le régime actuel. Cela n'était pas écrit d'avance, mais c'est ainsi que les choses se sont passées. Quant à l'idée, je l'ai rencontrée dans le *Traité théologico-politique* de Spinoza. Ce n'est pas la nature, dit en substance le philosophe, qui confère à chaque peuple ses qualités particulières, sa manière d'être spécifique et les idées qui lui sont propres. Ce sont exclusivement, dit-il, les lois qu'il se donne, puis les mœurs qui en découlent. Ses lois, c'est-à-dire son organisation politique. La rencontre de ce fait et de cette idée m'a fourni la clé de l'intelligence de l'histoire chinoise à laquelle je suis ensuite peu à peu parvenu. L'idée a éclairé les données historiques, ces données ont confirmé l'idée.[1]

République populaire de Chine. Elle est élégante et précise, mais attribue à une partie des lettres de l'alphabet latin d'autres valeurs que le français. Quand cela me paraîtra utile, je fournirai en note une prononciation française approximative. Zhou se prononce *djeau*.

1. Le passage-clé est reproduit à la suite de la note sur Spinoza, p. 135. Il est le point de départ de l'*Essai sur*

PENDANT longtemps, les connaissances que j'accumulais sur l'histoire de Chine se sont mal ajustées les unes aux autres, puis un jour, à ma surprise, elles ont commencé à se présenter à moi comme un vaste panorama, pareil aux rouleaux que peignaient les peintres chinois d'autrefois et que l'on déroulait devant soi sur la table. Par la suite, je me suis demandé ce que c'est qu'être européen face à la Chine et ce que c'est qu'être chinois, ce qui m'a conduit à m'interroger sur la causalité dans l'histoire. Il fallait la prendre en enfilade, comme une suite de causes et d'effets menant jusqu'au présent. Le passé était-il fait d'enchaînements multiples qui se mêlaient de façon inextricable ou y en avait-il qui jouaient dans la durée un rôle déterminant et donnaient à la Chine et à l'Europe leur caractère parti-culier? J'ai trouvé que le caractère de la Chine tenait à une tradition politique qui lui était propre, centrée sur une certaine conception du pouvoir et de son exercice.

Pour que je le comprenne, il a fallu la ren-contre d'un fait et d'une idée. Le fait était la fondation de la dynastie des Zhou[1] dans le nord

---

1. J'utilise la transcription *pinyin* des mots et noms chinois, qui a été conçue par les meilleurs linguistes de la

basse sur toutes les ressources qu'il leur faut pour faire de la Chine la première puissance et pour qu'elle le reste. Ils savent ce qu'ils veulent tandis que l'Europe ne sait plus où elle va. Elle n'a pas de vision de son avenir. Cette situation m'inquiète doublement. D'abord parce que je suis Européen et que l'Europe est menacée. Ensuite et plus profondément, parce que, si elle cédait aux mauvaises passions qui renaissent sans cesse en elle et aux puissances extérieures qui veulent la diviser et la dépecer, bref si elle perdait la maîtrise de son destin, quelque chose d'essentiel serait perdu. Je souhaite dire quoi.

Pour faire tenir ces réflexions dans ce bref essai, je m'en suis tenu à l'essentiel. C'est un raisonnement que je propose au lecteur. Mon but n'est pas de prouver, mais de faire réfléchir.[1] Mon raisonnement étant fondé sur l'histoire, c'est par elle qu'il faut commencer.

---

1. Comme Stendhal, "je supprime les détails historiques qui, en arrêtant l'attention, diminueraient la clarté du point de vue général que je veux faire remarquer au lecteur." *Vie de Rossini* (Gallimard, 1992, coll. Folio), p. 152.

LES réflexions que voici portent sur la Chine, puis sur l'Europe ; sur le passé chinois, puis sur l'avenir de l'Europe. Je considère que le passé chinois se caractérise principalement par une tradition politique. Par elle s'expliquent la continuité de l'histoire chinoise et le caractère propre de la Chine. Je vais la comparer avec notre tradition politique. Ce sera le moyen de faire ressortir ce qui les distingue et d'éclairer le présent, car aujourd'hui elles s'affrontent. Elles se heurtent en Chine même depuis un siècle. Maintenant que la Chine est devenue une grande puissance et qu'elle étend partout son influence, elles s'affrontent aussi en Europe.

En Chine, les forces de progrès, qui se sont continûment inspirées de notre tradition politique depuis une centaine d'années, ont subi défaite sur défaite. L'ambition des hommes qui sont au pouvoir à Pékin aujourd'hui est de les vaincre une fois pour toutes en Chine et de les affaiblir partout ailleurs. Leur premier intérêt est de faire disparaître toute idée susceptible de remettre en question leur pouvoir. Le fantôme de la liberté ne doit plus surgir nulle part. Leur deuxième intérêt est de faire main

JEAN FRANÇOIS BILLETER

*Pourquoi l'Europe*

RÉFLEXIONS D'UN SINOLOGUE

ÉDITIONS ALLIA

16, RUE CHARLEMAGNE, PARIS IVᵉ

2020

*Pourquoi l'Europe*

leur victoire en transformant leur alliance en une institution durable. Ils ont décidé qu'ils seraient frères et que leur fratrie serait rigoureusement hiérarchisée. Le premier d'entre eux est devenu roi, *wang*. Ils ont créé un système dans lequel les relations de parenté, la répartition du pouvoir et la vie religieuse coïncidaient. La vie religieuse, c'était le culte des ancêtres, qui a pris une importance grandissante à mesure que cette aristocratie s'est étendue et multipliée : il assurait sa cohésion et, par les lignées, sa pérennité.

Telle est la matrice originelle. Elle réunit des traits qui ont caractérisé la société chinoise à travers toute son histoire et ont perduré jusque dans un passé récent malgré les transformations et les bouleversements que cette société a connus par ailleurs : le pouvoir était calqué sur les relations familiales, la famille était une structure de pouvoir et la hiérarchie était le principe organisateur des deux, manifesté en toute occasion par les "rites". Le culte des ancêtres conférait à cette organisation sa dimension transcendante. Depuis cette haute époque et jusqu'à aujourd'hui, toutes les autres formes de vie religieuse ont été secondaires. Elles ont été soit contrôlées et instrumentalisées par le pouvoir, soit réprimées quand elles sont devenues menaçantes.

Reprenons le fil de l'histoire. Les fiefs que se sont attribués le roi des Zhou et ses compagnons se sont développés. Ils sont devenus des principautés, puis *de fait* des États indépendants. Ces États ont développé des méthodes de plus en plus efficaces de contrôle des populations, d'exploitation de leur travail, de conscription et d'organisation militaire, de production proto-industrielle. Ceux de la périphérie se sont étendus vers l'extérieur et sont devenus des grandes puissances. Ils se sont livré des guerres dévastatrices qui ont donné son nom à une époque, celle des IVe et IIIe siècles avant notre ère : on parle en français des "Royaumes combattants", traduction contestable du terme chinois *zhanguo*[1] : c'étaient des États (*guo*) qui se faisaient la guerre (*zhan*). Ils ont développé durant cette période l'État centralisé qui s'imposera ensuite à l'échelle de l'Empire. Ce développement a eu ses théoriciens. On les appelle en français les "légistes", traduction malheureuse du terme *fajia*[2], littéralement "l'école des lois". Les "lois" en question, *fa*, sont des "méthodes" (le terme est ambigu en chinois) d'exercice du pouvoir. Ce sont le secret, le renseignement,

---

1. *Djanne-kouo.*
2. *Fa-tsia.*

la manipulation et les deux leviers essentiels des récompenses et des peines, c'est-à-dire des avantages offerts à ceux qui obéissent et des sanctions infligées aux récalcitrants. Ces théoriciens recommandent aussi le contrôle absolu du souverain sur ceux qui le servent. Il doit se méfier d'eux et se rendre impénétrable.[1]

De ces guerres est né l'Empire. Les armées de l'État de Qin[2], situé à l'ouest, dans l'actuel Shanxi[3] et qui passait pour arriéré, ont remporté des victoires qui ont permis au prince de Qin, qui était devenu "roi", de se proclamer "Premier Empereur" *shi huangdi*[4] et fondateur d'une dynastie qui devait durer jusqu'à la fin des temps. Cela s'est passé en 221 avant notre ère. Ses conseillers, qui étaient des légistes, ont imposé en quelques années, à une Chine épuisée et divisée, un ordre unitaire. Ils ont appliqué leur doctrine. La conséquence a été double : ils ont posé les fondations de l'Empire, mais l'ont fait avec une si impitoyable rigueur

1. Deux importants traités légistes nous sont parvenus, ceux de Shang Yang (env. 390-338) et de Han Fei (ou Han Feizi, 280-233). Ils ont été présentés et traduits par Jean Levi : Shang Yang, *Le Livre du prince Shang* (Flammarion, 1981, 2005) et Han-Fei-tse, *Le Tao du Prince* (Seuil, 1999).
2. *Ts'inne.*
3. *Châne-si.*
4. *Cheu houang-ti.*

que la dynastie a vite sombré dans la violence. Elle a duré 15 ans.[1] La guerre a repris, plus dévastatrice encore, achevant de détruire une grande partie de ce que la civilisation chinoise avait produit jusque-là. De nouveau, cependant, l'une des gigantesques armées qui s'affrontaient a eu le dessus, ce qui a mis son chef Liu Bang (un homme du peuple) et ses compagnons devant une alternative : reprendre à leur compte le nouvel ordre impérial ou revenir à l'ordre ancien des Zhou, en attribuant des fiefs à chacun. Ils ont choisi de fonder une nouvelle dynastie impériale, celle des Han[2], dont Liu Bang est devenu le premier empereur. Lui et ses conseillers ont eu pour premier souci d'éviter à leur dynastie le sort de la précédente. Ils ont réussi : l'empire des Han a duré plus de quatre siècles, de -206 à 220. Il est l'équivalent de l'empire romain, mais s'est perpétué jusqu'en 1911, avec des périodes de division de plus en plus courtes au fil des siècles. Après le désordre de la brève période républicaine (1912-1949), les dirigeants de Pékin l'ont reformé une fois de plus.

---

1. Sur ces événements, lire l'excellente monographie de François Thierry, *La Ruine du Qin. Ascension, triomphe et mort du premier empereur de Chine* (Vuibert, 2013).
2. Ne pas prononcer *Anne*, mais *Hanne*, avec un *h*- guttural .

Le légisme est donc, après les antiques institutions des Zhou, la deuxième source de la
tradition politique chinoise, mais ce fait a été
occulté. L'opprobre a d'abord été jeté sur le
personnage de Qin Shihuangdi. Il est devenu
une sorte de Néron dont aucun souverain
ne s'est réclamé jusqu'à la fin de l'Empire.
Seul Mao Zedong l'a fait, dans un geste de
défi unique. Le rôle du légisme a aussi été
occulté par la restauration confucianiste qui
a eu lieu sous les Han. Quand l'empereur Wu
des Han (r. 141-87) en a fait la religion d'État,
il a agi comme l'empereur Constantin (r. 306-
337) lorsqu'il a fait du christianisme celle de
l'empire romain. Ce confucianisme officiel
n'était pas un retour à Confucius, mais à la
tradition que Confucius avait tenté de raviver,
celle qui remontait au début des Zhou. Il en est
résulté une combinaison de la pratique légiste
du pouvoir et de l'idéal que représentait l'ordre
ancien dont avait rêvé Confucius. C'était une
combinaison contre nature, car en leur temps
les légistes n'avaient cessé de ridiculiser les
nostalgiques de ce monde disparu. Mais elle
a été redoutablement efficace parce que le
légisme livrait les instruments du pouvoir
tandis que le confucianisme fournissait la formule d'un ordre hiérarchique ritualisé doublé
d'une morale fondée sur le respect absolu

de l'autorité, celle du souverain, du père, de l'aîné ou du mari. Cette combinaison a dès lors formé le cœur de la tradition politique chinoise. Elle n'a pas toujours été perçue parce que la doctrine légiste veut que l'essentiel du pouvoir soit exercé de façon secrète et que les régimes impériaux successifs s'en sont par conséquent rarement réclamés ouvertement. Ils ont préféré mettre en avant la grandeur de l'ordre moral qu'ils faisaient régner par les rites.

Dans cette synthèse, le rôle de Confucius a été le suivant. Pour occulter la violence dont était sorti le nouveau pouvoir, les idéologues de la cour des Han ont présenté la dynastie qu'ils servaient comme la suite naturelle d'une histoire beaucoup plus ancienne. Ils ont reconstitué des documents qui avaient échappé à la destruction, en ont fait des livres canoniques et les ont placés sous l'autorité de Confucius parce qu'il avait étudié certains d'entre eux, les avait recommandés à ses disciples et s'était soucié de leur transmission. Ils ont fait de lui le saint patron du nouvel édifice. Ces livres canoniques [1] constituent depuis lors le pendant

---

1. Ils sont au nombre de cinq : le *Livre des poèmes* (*Shijing*), le *Livre des documents* (*Shujing*), le *Livre des rites* (*Liji*), le *Livre des mutations* (*Yijing*) et les *Printemps et automnes* (*Chunqiu*), une chronique.

chinois de l'Ancien Testament : il s'agit d'un assemblage de textes hétérogènes, remontant à diverses époques, mais censés raconter une seule histoire. L'une des grandes différences est que l'Ancien Testament relate l'histoire d'un petit peuple remuant et rebelle tandis que le canon "confucianiste" célèbre celle d'un ordre destiné dès l'origine à tout embrasser.

Cette synthèse paradoxale s'est incorporé d'autres traditions, notamment le taoïsme politique que résume le *Daodejing*[1], le fameux *Livre de la Voie et de la Vertu*[2], qui est un manuel de gouvernement. Il recommande au souverain de se faire plus que mystérieux : insondable et comme absent. Il lui conseille de cacher les instruments de la violence qu'il détient et de gouverner de façon insensible, en laissant ses sujets vaquer à leurs affaires et en veillant à ce qu'ils ne pensent à rien d'autre. Ce n'est pas un hasard si des empereurs de toutes les dynasties ont commenté ce texte qui passe chez nous pour mystique pure.

1. *Tao-te-tsing.*
2. Titre que l'on devrait traduire par *Livre de la Voie et de sa Vertu*, c'est-à-dire de sa puissance. Arthur Waley l'a rendu par *The Way and its Power* (Allen & Unwin, Londres, 1934, réédité). Je considère sa traduction comme la meilleure parce qu'elle replace le texte dans son époque, l'antiquité préimpériale.

La méprise vient du fait que le personnage mythique de Laozi[1], auquel il est attribué, est devenu la figure centrale d'une religion révélée. Au Sichuan[2], en l'an 142 de notre ère, alors que la dynastie des Han s'affaiblissait et que sa fin approchait, il est apparu en rêve à un certain Zhang Daoling[3], chef d'une secte révolutionnaire, qui s'est senti appelé à fonder une nouvelle dynastie. Il a échoué, mais l'univers politico-religieux que lui et les siens ont conçu en vue de leur prise de pouvoir a survécu sous la forme d'une religion organisée : la religion taoïste[4], qui a dès lors été une sorte de double du régime impérial – dont ce dernier s'est servi pour canaliser et contrôler le polythéisme prolifique du peuple chinois. C'est ainsi que la matrice ancienne, celle des Zhou, est devenue la matrice de l'ordre impérial, puis celle du surnaturel. Quant au bouddhisme, qui

1. *Lao-tseu.*
2. *Seu-tch'ouanne.*
3. *Tchang Tao-ling.*
4. Qu'il faut distinguer du taoïsme philosophique. La religion taoïste est désignée en chinois par le terme *daojiao* (*tao-tsiao*), le taoïsme philosophique par celui de *daojia* (*tao-tsia*). Comme dans le cas du "confucianisme", nous confondons, faute d'un vocabulaire adéquat, non seulement deux, mais une demi-douzaine de réalités historiques différentes, désignées en chinois par des termes distincts. Sur ce point, voir *Leçons sur Tchouang-tseu* (Allia, 2002), p. 132-133.

a commencé à s'introduire en Chine sous les Han et qui est devenu puissant pendant la période de division qui a suivi, il était, dans son principe, incompatible avec l'ordre chinois, mais la Chine l'a intégré à sa synthèse. Sous les Tang (618-907), elle a été la terre sainte de cette grande religion puis, quand cette dernière est devenue une menace, à cause de son emprise sur la société, le pouvoir impérial l'a brisée par les impitoyables persécutions de 842-845 et se l'est définitivement soumise.

La primauté du confucianisme a été réaffirmée et n'a plus été remise en cause. Il a pris sous les Song (960-1279) une forme nouvelle. À la société aristocratique des Tang avait succédé le système mandarinal. L'Empire était administré par des fonctionnaires recrutés par concours et ces fonctionnaires n'ont pas tardé à former une classe de rentiers. Après l'interruption de la brève dynastie mongole (1279-1368), cette forme de société a perduré jusqu'à la fin de l'Empire. Pendant ce millénaire, l'éducation et la formation intellectuelle des mandarins sont certes fondées sur l'antique canon confucianiste, mais le cœur en est désormais les *Quatre livres* (*Sishu*), qui sont un équivalent du Nouveau Testament. Ces *Quatre livres*, beaucoup plus abordables que les textes canoniques, étaient les *Entretiens* de Confucius (*Lunyu*), les dialogues de Mencius (*Mengzi*) et deux textes brefs tirés du *Livre des rites*, l'un des livres canoniques : *La Grande étude* (*Daxue*) et *La Voie du milieu* (*Zhongyong*).[1] Les *Entretiens* contiennent un très vivant portrait de Confucius en compagnie de ses disciples. Dans ses dialogues, modèles de prose classique, Mencius (env. 372-289) s'adresse aux souverains de son temps avec une liberté de ton qui a fait espérer aux mandarins une certaine autonomie face à l'autocratie des empereurs. Quant à *La Grande étude* et à *La Voie du milieu*, ils ont formé le véritable *credo* de ce nouveau confucianisme, que l'on ne devrait pas appeler "néoconfucianisme" comme on a pris l'habitude de le faire, mais "confucianisme philosophique", car il s'est nourri de débats nouveaux sur le perfectionnement de soi, l'éducation, la morale et la nature humaine. Le terme par lequel on le désigne généralement en chinois, *Song-Ming lixue*[2], signifie simplement "philosophie des Song et des Ming" – philosophie confucianiste s'entend, qui a encore des prolongements aujourd'hui.

---

1. *Seu-chou, Loun-yu, Meng-tseu, Ta-sué, Djong-yong.*
2. *Li-sué.*

J'ajoute que les *Entretiens* sont un ouvrage merveilleux, mais difficile à apprécier pour un lecteur européen. Contrairement à ce que suggère ce titre, devenu habituel en français, il ne contient pas de dialogues philosophiques, mais des propos isolés, de brefs échanges du maître avec l'un ou l'autre de ses disciples, quelques scènes de la vie qu'il menait avec eux, des anecdotes apocryphes telles que celle qui est traduite plus loin, à la p. 128, et d'autres matériaux. Le titre chinois *Lunyu* signifie "recueil de propos". L'ouvrage a été compilé par la seconde génération des disciples. Il est étonnant par la fraîcheur avec laquelle sont rapportées les paroles du maître, dont l'humour est parfaitement restitué. Le *Lunyu* est le seul ouvrage de l'Antiquité chinoise qui donne au lecteur le sentiment d'approcher une *personne*. Pour le rendre accessible, le traducteur doit fournir le contexte et trouver le ton juste. Arthur Waley y est parvenu dans ses *The Analects of Confucius*.[1] Aucune autre traduction ne vaut la sienne.

1. Allen & Unwin, Londres, 1938, réédité.

DE ce rapide aperçu, tirons maintenant les principaux traits de la tradition politique chinoise. Elle est née des antiques institutions des Zhou et a pris une forme nouvelle lors de la fondation de l'Empire. Ce second moment est aussi important que le premier. Après un siècle de guerres et la violence de la brève dynastie de Qin, les fondateurs des Han et leurs successeurs immédiats ont eu pour premier souci d'assurer la pérennité du nouveau régime. Ils ont fait en sorte qu'il apparaisse comme conforme aux lois immuables de l'univers. Ils ont élaboré une cosmologie qui l'a fait apparaître comme une émanation de l'ordre des choses. Ils ont situé son origine dans un passé immémorial, au commencement de la civilisation, et fait de l'Empereur jaune, l'inventeur mythique de toutes les techniques humaines, l'ancêtre des Chinois. Cette vaste synthèse a assuré, plus que toute autre chose, l'extraordinaire durée de l'Empire. Elle constitue le fond de ce que les Chinois ont dès lors considéré et considèrent encore aujourd'hui comme leur civilisation. Cette synthèse s'est enrichie, elle a évolué, mais n'a pas été remise en question avant le XXᵉ siècle. Elle constitue le monde au cœur duquel la tradition politique chinoise a connu un nouveau développement et a pris une forme durable.

Un certain nombre de principes la caractérisent. Le premier est la division de la société en *deux sphères*, l'une dominante, l'autre dominée. Sous les Zhou, puis sous l'Empire, la sphère supérieure a toujours été rigoureusement hiérarchisée. L'organisation du pouvoir, celles de la parenté et des rites religieux s'y confondaient. La sphère inférieure a toujours été celle des populations soumises, libres dans la mesure où elles restaient soumises. La tâche première du souverain et de ses conseillers était double : veiller d'une part à ce que la hiérarchie de la sphère supérieure soit parfaitement réglée, maintenir d'autre part sa domination sur la sphère inférieure. Pour cela, ils ont usé d'un art politique qui a toujours été un art de la domination. Il consistait à maintenir l'unité de la sphère supérieure et à faire en sorte que la sphère inférieure reste divisée. Les catégories du *yin* et du *yang* expriment ce rapport. Le *yang* est la force *une* qui donne l'impulsion, le *yin* est le monde *multiple* des forces qui s'unissent sous l'effet de cette impulsion et sombrent dans le désordre quand elles sont laissées à elles-mêmes. Le *yang* doit garder l'initiative pour se prémunir contre le désordre qui vient d'en bas. Ces significations ont été partiellement occultées parce que le *yin* et le *yang* sont devenus des notions supposées expliquer toute chose. Elles ont été fécondes. En faisant du *yang* un principe masculin et du *yin* un principe féminin, on en a fait la justification de la domination de l'homme sur la femme et créé dans le psychisme masculin la peur du féminin. Elles ont aussi permis de concevoir la subversion du *yang* par le *yin*, ce qui pouvait avoir une signification révolutionnaire. Dans les traités politiques anciens, ils sont tout autre chose que deux forces égales qui s'engendrent et s'équilibrent spontanément l'une l'autre. Cet affadissement provient de spéculations philosophiques d'époque Song.

Deuxième principe : *la monarchie*. Elle a été de l'origine jusqu'au début du XXᵉ siècle la seule forme du pouvoir. Comme la royauté archaïque qui les a précédés, les Zhou sont une monarchie, mais d'un type nouveau. Comme la sphère supérieure est rigoureusement hiérarchisée, elle exige un faîte unique. Comme le principe hiérarchique la régit de part en part, ce n'est pas l'individu qui forme l'élément premier de la réalité humaine, mais deux individus liés par un rapport hiérarchique : le souverain et son ministre, le père et le fils, l'aîné et le cadet, le mari et la femme, le maître et l'élève. Ces relations sont de même nature, l'une est l'image de l'autre. L'inégalité est la norme, l'égalité n'est pas pensable. C'est évident dans le confucianisme ritualiste de la fin de l'Antiquité et surtout dans le confucianisme officiel de l'Empire, durant toute son histoire. D'où l'intolérance initiale du confucianisme à l'égard du bouddhisme, qui opposait à l'essentialisation des rôles sociaux la décision individuelle de quitter le monde – *chujia*[1], littéralement "quitter la famille" –, la famille où devaient se faire l'apprentissage de la hiérarchie et la définition de la personne par la place qu'elle y occupait. Les confucianistes n'ont accepté le bouddhisme qu'après l'avoir rendu inoffensif à la fin des Tang. Au cours de son histoire, la Chine a cependant connu des régimes monarchiques d'inspiration plutôt confucianiste (les rites), plutôt légiste (les lois), plutôt taoïste (le pouvoir se cache et laisse vivre) et même bouddhique (au Moyen Âge, pendant la période de division qui a suivi les Han). Dans le confucianisme, deux questions sont longtemps restées posées : si la transmission du pouvoir devait être héréditaire ou élective, et si l'on avait le droit de renverser

---

1. *Tch'ou-tsia.*

un souverain devenu tyrannique. Elles ont été frappées de tabou sous l'Empire, mais n'ont pas disparu car elles étaient dans Mencius.[1] Que la Chine n'a pas connu d'alternative au principe monarchique avant le xxᵉ siècle, rien ne le prouve mieux que ceci : chaque fois qu'une dynastie a été renversée, quelles qu'aient été les forces qui l'ont jetée bas, le nouveau pouvoir est sorti du même moule. Même quand l'imagination s'est laissé libre cours, elle n'a rien trouvé d'autre. *Au bord de l'eau*, le grand roman d'époque Ming qui célèbre les hauts faits de 108 hors-la-loi et conte leur aventure collective, située sous les Song, illustre cela de façon exemplaire : emmenés par leur chef, Song Jiang[2], ils se rendent pour finir à l'empereur. Tout rentre dans l'ordre.[3]

---

1. Mencius dit à un roi : "'Si le souverain commettait une faute grave, ils (ses ministres) l'admonesteraient. S'il la commettait à nouveau et persistait, ils le destitueraient.' À ces mots, le souverain blêmit." L'audace de Mencius est toutefois limitée, car il précise que seuls des ministres de sang royal peuvent agir ainsi. (livre 5, 2ᵉ partie.)
2. *Song Tsiang*.
3. Lire l'épilogue, dans Shi Nai-an et Luo Guan-zhong, *Au bord de l'eau* (Bibliothèque de la Pléiade, 1978, 2 vol.). Cet ouvrage prolixe et inégal, aboutissement littéraire d'une tradition orale, contient une vérité profonde. Elle se cache dans la relation des deux principaux personnages, Song Jiang le juste, le mesuré, qui ne songe qu'au retour à l'ordre, et Li Kui (*K'ouéi*), son frère juré, généreux mais

Troisième principe : le pouvoir chinois *n'a pas de limite dans l'espace*. Il fait régner un ordre dont c'est la vocation de s'étendre aux confins du monde habité. Cette vocation a semblé naturelle parce que la Chine n'a pas rencontré de civilisation jugée comparable à la sienne avant la période contemporaine. Les peuples de la steppe l'ont attaquée, envahie, parfois dominée, mais ils étaient sinisés à divers degrés ou se sont sinisés quand il leur a fallu gouverner l'Empire. Le pouvoir chinois *n'a pas non plus de limite dans le temps*, car la sphère supérieure a été conçue dès son origine, non seulement comme indéfiniment extensible par la multiplication des descendants, mais aussi comme infinie dans la durée par la continuité des lignées. Quant à la sphère inférieure, elle était composée de communautés, d'ethnies, de peuplades dont rien ne limitait le nombre. Elle s'est accrue de façon continue par l'émigration du nord vers le sud à l'intérieur de ce qui constitue aujourd'hui la Chine, puis vers les mers du Sud et, par la diaspora, dans le monde entier. Le souverain chinois est toujours resté pour elle le centre du monde.

Cette vision des choses a été ébranlée pour la première fois au XIXᵉ siècle quand

violent, éternel fauteur de troubles, dit "Vent noir" : *yang* l'un, *yin* l'autre.

quelques nations européennes ont non seulement attaqué la Chine, d'autres l'avaient fait avant elles, mais profité de sa faiblesse d'alors pour empiéter sur sa souveraineté et la réduire à l'impuissance. Les Chinois les plus clairvoyants ont compris qu'ils n'avaient pas seulement affaire à des ennemis dangereux, mais à une civilisation différente de la leur. Ils ont d'abord tenté de lui emprunter les instruments de sa puissance pour défendre leur ordre traditionnel, mais là où le Japon réussissait, ils ont échoué. Le Japon était une nation, la Chine un empire. Elle était confrontée à une civilisation dont les principes étaient incompatibles avec les siens et qu'elle ne pouvait ni intégrer à sa grande synthèse, ni ignorer. Depuis lors, toute son histoire est marquée par cette difficulté.

Quatrième principe : la synthèse impériale englobait tout, ramenait tout à soi et constituait donc *un monde clos*. Parce qu'il n'avait de limites définies ni dans l'espace, ni dans le temps, il est apparu comme le plus admirable exemple de monde *ouvert*, mais il créait un enfermement. Il l'a surtout fait à partir des Song. Le confucianisme "philosophique" qui s'est développé à cette époque a constitué jusqu'à la fin de l'Empire un univers fermé. Des Ming et à la fin de l'Empire, sa variante la

plus conservatrice a été imposée avec la dernière rigueur, par le biais des examens, à tous
ceux qui voulaient entrer au service de l'administration impériale. L'une des formules-clés,
voire *la* formule-clé de ce confucianisme officiel était tirée de *La Grande étude* : "Mettre de
l'ordre en soi pour en mettre ensuite dans sa
famille, puis dans l'État, puis dans le monde
entier."[1] Elle s'adressait à des hommes[2] qui
devaient se rendre aptes à gouverner une
grande famille, matrice de l'organisation
sociale et politique de la sphère supérieure,
puis à participer au gouvernement de l'Empire
et à contribuer ainsi à l'ordre universel. Elle
résumait leur mission et les conditions qu'ils
devaient remplir pour l'assumer. Elle justifiait
leur double pouvoir de chef de famille et de
représentant du pouvoir impérial. C'est ce
confucianisme-là que la jeunesse chinoise
a rejeté lorsqu'elle s'est mobilisée en mai
1919, donnant le coup d'envoi de la révolution chinoise. C'est ce confucianisme-là
que tentent de ressusciter les idéologues qui

---

1. *Xiushen, qijia, zhiguo, ping tianxia.* J'ai rendu les quatre
verbes de la formule chinoise par un seul "mettre de l'ordre"
pour m'approcher de la concision du chinois classique.
2. Les femmes étaient exclues du système des examens.

organisent aujourd'hui pour Xi Jinping[1] un nouveau culte de la personnalité. Ils répandent la légende qu'il aurait pris adolescent, quand il vivait parmi les paysans du Shanxi, la résolution de "mettre de l'ordre en lui-même pour en mettre dans sa famille, puis dans l'État, puis dans le monde entier". Quelle régression ! Le régime refuse à un peuple qui était pétri d'histoire le moyen d'étudier son passé et le lui ressert sous sa forme la plus rétrograde. Chaque fois que j'entends parler d'un des instituts "Confucius" qu'il implante dans les universités du monde entier, je suis pris de la même colère que la jeunesse de 1919. Le nom qu'il leur donne est un affront fait à toute forme de pensée progressiste.

Cinquième principe : *l'autochtonie*, l'idée que la civilisation chinoise est née de la terre chinoise et s'y rattache par un lien intime et indissoluble. Je ne parle pas de l'autochtonie naturelle des cultes locaux qui ont existé de tout temps dans les sociétés polythéistes, mais d'une autochtonie seconde qui fait partie de la grande synthèse idéologique élaborée au début de l'Empire. L'origine du nouvel ordre devait être située quelque part en terre chinoise. Elle

---

1. *Si Tsin-p'ing.*

l'a été dans la terre jaune du Shanxi[1], qu'on peut en effet regarder comme le berceau de son histoire la plus ancienne et où l'Empereur jaune, l'ancêtre, était désormais censé avoir quitté le monde des hommes pour devenir un immortel. Depuis les Han jusqu'à aujourd'hui, sous le régime actuel, l'anniversaire de son ascension est solennellement commémoré chaque année en avril, en présence de représentants du pouvoir central. La cérémonie est célébrée à Huangling, localité située au nord de Xi'an[2], sur la route qui mène à Yan'an[3], et dont le nom signifie "tertre funéraire de l'Empereur jaune". Ce culte ininterrompu à travers les siècles symbolise la continuité dynastique.[4] En Europe, il n'y a que la papauté qui présente une pareille continuité. Dans la cosmologie traditionnelle, qui aux quatre points cardinaux en ajoute un cinquième, celui du centre, la couleur du centre est le jaune. "Jaune" et "impérial" sont deux mots homophones. Ils s'écrivent au moyen de caractères différents, mais se prononcent de la même manière, *huang*. L'histoire

1. *Channe-xi.*
2. *Si-anne.*
3. *Yenne-anne.*
4. Sur ce culte, lire Térence Billeter, *L'Empereur jaune. Une tradition politique chinoise* (Indes savantes, 2007).

de l'Europe connaît certes des autochtonies de ce genre, mais elle comporte un élément qui n'a pas d'équivalent en Chine : l'exode et l'exil du peuple juif, qui sont une rupture avec la terre d'origine assortie d'une promesse. Ce déracinement originaire a fait des Juifs les négateurs de l'autochtonie et les a investis d'un rôle aussi fécond que tragique dans l'histoire de l'Europe. Ce déracinement premier est passé dans le christianisme qui, sans cela, ne serait pas devenu une religion universelle. Le bouddhisme en est une autre parce que le Bouddha a quitté la cour royale où il était né pour chercher seul la cause de la souffrance. La Chine n'a pas produit de religion universelle parce qu'elle a toujours tout rapporté aux origines – aux siennes. La cité grecque et la république romaine sont nées de ruptures avec la monarchie et de l'invention de formes politiques nouvelles qui avaient certes leurs racines dans l'histoire antérieure, mais pouvaient être reproduites ailleurs. L'universalisme chinois n'en est pas un parce qu'il n'a pas rompu avec l'autochtonie. On ne peut s'y rallier qu'en faisant allégeance au pouvoir chinois.

L'idée de l'autochtonie de la civilisation chinoise m'est venue comme une révélation en 2007, lors d'une visite au Longhushan (Montagne du dragon et du tigre), dans le

Jiangxi[1], lieu où Zhang Daoling, futur fondateur de la religion taoïste, est censé avoir atteint
la perfection dans la pratique de l'alchimie
intérieure. Quand le visiteur quitte le bourg
pour descendre la rivière en radeau, il par-
court un paysage hallucinant. Sur les deux
rives se dresse une succession de montagnes
aux formes étranges qui semblent surgies l'instant d'avant de la terre-mère. Le grand temple
taoïste situé au cœur du bourg est d'un grand
intérêt historique. Une publication savante que
j'ai achetée sur place donne la liste des 62 descendants de Zhang Daoling en ligne directe,
avec mention de l'année où chacun a été sacré
"maître céleste" (*tianshi*)[2] par décret impérial
et chargé de faire régner l'ordre "parmi les
divinités et les hommes". Selon le tableau,
le dernier est "devenu immortel" (*yuhua*)
à Taiwan en 1969. Le fascicule reproduit les
décrets d'investiture. Certains peuvent être
lus sur des stèles d'époque, dans l'enceinte du
temple. Ce sont des preuves manifestes de ce
que la religion taoïste faisait partie de l'ordre
impérial. Elle s'est diversifiée au fil du temps,
mais en est toujours restée partie intégrante.

1. *Tsiang-si.*
2. *T'ienne-cheu.*

Sixième principe : toutes les dynasties sont nées de *victoires militaires*. C'est le cas de celle des Zhou, de celle des Qin et de toutes les suivantes. Le régime actuel ne fait pas exception. Toutes ont vanté la paix qu'elles ont fait régner plutôt que la violence dont elles sont issues, mais toutes ont gardé la violence en réserve, pour se défendre au-dehors et plus encore pour se garantir au-dedans. Tous les hommes d'État chinois l'ont su et le savent, toute l'histoire le leur enseigne. Deng Xiaoping a agi en chef des armées en 1989. Après avoir renoncé à la direction du Parti et à la présidence de la République, il était resté président de la Commission militaire. Aujourd'hui Xi Jinping préside la République, le Parti et la Commission militaire. Le discours officiel entretient l'idée que le pouvoir chinois a toujours été pacifique. Il l'a été quand régnait la *pax sinica*. L'empire des Tang, qui a dominé l'Asie centrale, n'a pas été une puissance pacifique. Il n'est que de regarder la place que tient la guerre dans la poésie de l'époque. Voici le début de l'un des poèmes les plus connus de Du Fu (712-770), la *Ballade de la guerre*[1] (je renonce à une traduction versifiée) :

---

1. *Bingchexing*, littéralement "Ballade des chariots de guerre".

"Dans le bruit des chevaux et des chars, / arcs et flèches à la taille, / ils passent le pont de la ville dans un nuage de poussière / et dans les pleurs des enfants, des épouses et des vieux. / On s'accroche à leurs vêtements pour les retenir, / les lamentations montent jusqu'au ciel. / Un homme interroge l'un d'eux : / Nous sommes une fois de plus enrôlés de force, lui dit l'autre ; / j'ai défendu le Fleuve jaune au Nord à quinze ans, / à quarante je pars en garnison dans l'Ouest."

L'Ouest, c'est-à-dire l'Asie centrale où passaient les routes de la soie dont les Tang veillaient à s'assurer le contrôle. À partir des Song, l'histoire a été écrite par des fonctionnaires civils qui avaient peu de goût pour la chose militaire et l'ont peu mise en avant. Elle n'a rien perdu de son importance pour autant.

Un septième principe est apparu durant la période des "États en guerre" et fait partie de la doctrine des légistes : *la conception stratégique du pouvoir*, opposable à la *conception politique* qui est la nôtre. Cette dernière est née quand, au $V^e$ siècle avant notre ère, les citoyens d'Athènes ont décidé qu'ils seraient libres, dans le cadre de leur *polis*, parce qu'ils se donneraient eux-mêmes leurs lois et n'obéiraient plus qu'à ces lois, devant lesquelles ils seraient égaux. Tirant plus tard les leçons de cette pratique, Aristote a défini l'homme comme "l'animal politique", *zoon politikon*. Cette définition impliquait que tout homme, s'il ne l'était pas en fait, était en puissance un "animal politique". Que l'égalité ne se soit étendue ni aux femmes, ni aux esclaves ne change rien à la nouveauté ni à la valeur de ces principes. La démocratie athénienne n'a pas duré, mais elle a donné naissance à notre idée du politique. La république romaine, qui a duré cinq siècles, l'a ensuite enrichie.

L'expérience chinoise a été différente. Les guerres impitoyables que les États de la fin de l'époque pré-impériale se sont livrées ont conduit les légistes à concevoir le pouvoir comme étant essentiellement d'initiative stratégique. Après être entrée dans la synthèse impériale des Han, cette conception est devenue l'un des traits permanents de la tradition politique chinoise. Jean Levi a très justement remarqué que le bref *Art de la guerre* de Sunzi[1] ne traite pas de technique militaire, comme l'ont cru ses commentateurs occidentaux, mais du principe de l'initiative stratégique. Il s'adresse aux princes plus qu'aux généraux. Il enjoint aux hommes de pouvoir de se faire

---

1. *Soun-tseu.*

insondables et imprévisibles afin de toujours garder l'avantage. Ils seront invincibles s'ils parviennent à s'égaler au fond même de la réalité, qui est un surgissement permanent.[1] *L'Art de la guerre* est aussi proche du "taoïsme" de Laozi que du "légisme" de Han Fei. Ce n'est pas un hasard que Han Fei, justement, ait été le premier commentateur du *Laozi*.

Huitième principe : le pouvoir ayant été conçu comme une capacité d'initiative, il a été considéré comme *indivisible*. L'idée de séparation et d'équilibre des pouvoirs au sommet de l'État n'a pas pu se former. Il y a certes eu à différentes époques des équilibres entre agences du gouvernement. Des freins ont été mis à l'autocratie des empereurs, mais en fait seulement, pas en droit. Les hauts fonctionnaires qui ont adressé des remontrances à leur souverain l'ont fait à leurs risques et périls et l'ont pour la plupart payé cher. Le droit chinois a existé cependant. Il a produit sous l'Empire un corpus de plus en plus sophistiqué, exclusivement administratif et pénal. En dehors de lui a existé en outre un droit civil coutumier. Mais il n'y a jamais eu, sous aucune forme, de droits opposables à l'autorité, ni pour les personnes,

---

1. Voir Sun Tzu, *L'Art de la guerre*, traduit et commenté par Jean Levi (Fayard, 2015, coll. Pluriel), p. 33-42.

ni pour aucune association ou communauté civile ou religieuse. On ne pouvait qu'implorer le détenteur de l'autorité, en faisant appel à son sens de la justice – ou l'acheter s'il était vénal.

De ce que le pouvoir suprême était conçu comme indivisible, il ne suit pas qu'il ait été exercé de façon arbitraire. Idéalement, les empereurs n'agissaient pas mais se contentaient d'assurer, par leurs arbitrages, le bon fonctionnement du gouvernement, de l'administration et de tout l'Empire, dont ils représentaient le centre immobile. Cet idéal n'a pas empêché certains de diriger énergiquement les affaires.[1] "Le pouvoir" se dit *quan* 权 [2] en chinois, mot qui désigne à l'origine le poids que l'on déplace sur le bras d'une balance et qui a pris le sens de "réglage". En temps normal, l'action du pouvoir consiste à régler les équilibres qui font que, ni dans la sphère supérieure, ni dans la sphère inférieure, ne se forme jamais une force incontrôlable. Autre trait permanent du régime impérial, à partir des Han : la complémentarité du *wen* 文 et du *wu* 武 [3], termes qui désignent

1. Dans les archives du Palais impérial de Pékin sont conservés plus de 500 000 mémoires annotés de la main des empereurs de la fin du XVIIe siècle à la chute de l'Empire en 1911. D'autres sont conservés à Taipei.
2. *Ts'uenne.*
3. *Ouenne, ou.*

les hiérarchies "civile" et "militaire", regardées comme deux instruments du pouvoir complémentaires et d'égale importance, et désignent aussi, plus profondément, deux modes d'action, celui qui prévaut quand l'ordre règne et celui qui s'impose en cas de désordre. "Ordre" *zhi* 治 et "désordre" *luan* 乱 [1] sont deux autres notions fondamentales de la pensée politique chinoise. Le pouvoir souverain se situe en-deçà, il est maître de l'un et de l'autre. Il peut se servir du désordre pour recréer l'ordre. C'est ce que Mao Tsé-toung a voulu faire en lançant la Révolution culturelle.

Tels sont selon moi les principaux traits de la tradition politique chinoise. Pris ensemble, ils forment, non pas une description de la réalité historique, mais un *type* [2] qui permet de l'interpréter. Je m'en suis souvent servi comme d'un verre grossissant pour examiner des faits particuliers et j'ai trouvé qu'il révélait leur signification jusque dans le détail. N'ai-je vu que ce que je voulais voir? C'est possible, et je demande à mes amis historiens de me corriger s'il le faut.

---

1. *Djeu, louanne.*
2. J'entends par là ce que Max Weber a appelé *Idealtyp* en allemand. En français, "type" suffit.

Ces traits permettent aussi d'esquisser une comparaison entre la tradition politique chinoise et la nôtre. Celle de la Chine est plus ancienne et plus continue. La nôtre est plus jeune et plus diverse. On y rencontre les royautés archaïques, la cité grecque, la république romaine, des empires, des féodalités[1], des monarchies, des républiques nouvelles, des villes libres, des fédérations, des nations, etc. On y trouve, à Rome et dans la suite, diverses formes de séparation et d'équilibre des pouvoirs. Nous avons eu l'opposition des pouvoirs temporel et spirituel. Nous disposons, depuis l'Antiquité, de la théorie des régimes aristocratiques, oligarchiques et démocratiques et de leurs permutations. De ce contraste, il ne faut toutefois pas inférer que la tradition politique chinoise est simple. Nous la comprenons mal parce que nous n'y retrouvons pas nos catégories et que nous ne connaissons pas les siennes.

Les deux traditions se sont heurtées en Chine au XIXᵉ siècle du fait de l'expansion coloniale européenne et s'y heurtent depuis lors. Le conflit prend aujourd'hui un tour aigu, en Chine même et dans les relations de la Chine avec les nations démocratiques. Pour

1. Le régime des Zhou peut aussi être considéré comme une forme de féodalité.

comprendre cet affrontement, reprenons le fil
de l'histoire.

## L'ABSENCE DE TEMPS MODERNES

LA CHINE n'a pas connu nos temps modernes.
Je précise : elle n'a pas connu d'équivalent de ce
qu'ont été les temps modernes en Europe dans
le domaine de la pensée scientifique, philosophique et politique. Car elle a au contraire
été en avance sur l'Europe dans le domaine
économique et social. L'historien japonais
Miyazaki a le premier parlé de l'époque des
Song (960-1297) comme de la Renaissance
chinoise, par analogie avec notre Renaissance.
Il a observé que le développement de l'économie, la circulation des biens et des personnes,
la monnaie et les banques, la croissance des
villes et l'apparition d'une culture urbaine,
la diffusion de l'imprimerie, la floraison des
arts et des lettres forment un ensemble que
l'Europe connaîtra trois ou quatre siècles plus
tard. Dans *Le Monde chinois*[1], Jacques Gernet
parle à propos des Song de "Renaissance" et
de "temps modernes". Dans *The Pattern of*

1. Armand Colin, 1972, réédité.

*the Chinese Past*[1], Mark Elvin a révélé que les
Song ont connu un début de mécanisation
des filatures. Il n'en est pas résulté une
industrialisation plus poussée parce que la
construction des machines est devenue trop
coûteuse et que la main-d'œuvre était abondante. Après les Song, la Chine n'en est pas
moins restée pendant des centaines d'années
la première puissance économique du monde,
admirée pour sa richesse, ses techniques et
l'organisation de son commerce. Son destin
a basculé à la fin du XVIIIe siècle. La prospé-
rité a déclenché un accroissement rapide de la
population qui, combiné avec l'affaiblissement
de l'État, a provoqué à partir du XIXe siècle
une inexorable descente aux enfers.

   Cet essor extraordinaire ne s'est pas accom-
pagné d'un essor comparable sur le plan de
la pensée. Je m'en suis rendu compte quand
Mu Zhongjian, un professeur de philosophie
de Pékin, m'a offert il y a quelques années un
petit ouvrage qu'il venait de publier avec un
collègue.[2] Ils présentaient 85 œuvres, allant

1. Methuen, Londres, 1973.
2. Zhang Dainian, Mu Zhongjian, *Zhongguo sixiang
wenhua dianji daoyin* (Guide des ouvrages classiques de la
pensée et de la culture chinoises), Éditions de l'École du
Parti, Pékin, 1994.

des origines à la fin de l'Empire en 1911, qui constituaient à leurs yeux la fine fleur de ce que la civilisation chinoise avait produit dans les domaines des lettres, de la philosophie, de l'historiographie et des sciences, et que tout citoyen cultivé se devait de connaître. Une liste restreinte de 10 ouvrages constituait le minimum requis. J'ai regardé comment ces ouvrages se répartissaient dans le temps. Il en est résulté une courbe instructive. Sur 85, seuls 12 étaient postérieurs à 1600, 5 seulement postérieurs à 1700. Le choix des ouvrages pouvait être discuté, mais le fait était là. Sa signification apparaît lorsqu'on superpose à la courbe chinoise une courbe comparable des ouvrages européens qui comptent pour nous. Pendant ces mêmes siècles, c'est en Europe une courbe ascendante, qui représente la naissance et le développement de l'âge moderne et où figurent Descartes, Pascal, Spinoza, Hobbes, Locke, Hume, Montesquieu, Voltaire, Rousseau, Kant, Tocqueville, Marx, Hegel, Nietzsche, Freud et tant d'autres, pour ne parler que de la philosophie et de la pensée politique. Il faudrait ajouter tous ceux qui ont marqué dans les sciences et en littérature, en peinture, en musique. La courbe européenne refléterait l'aventure dont est sorti le monde d'aujourd'hui.

La Chine n'a produit pendant ces mêmes siècles aucune idée nouvelle. La cause majeure de cet assèchement est la prise de pouvoir par les Mandchous en 1644. Ce peuple guerrier, qui a donné à l'Empire les dimensions de la Chine actuelle, a soumis l'appareil d'État, la classe mandarinale et la société chinoise entière à un contrôle qui en a lentement tué les forces vives. Le dernier grand moment créateur a été le XVIIᵉ siècle. Le désordre dans lequel sombraient les Ming a été fécond sur le plan de la pensée et nul ne sait ce qui en serait sorti si les Mandchous n'avaient pas envahi la Chine.[1] Après l'invasion, quelques penseurs chinois se sont efforcés de tirer les leçons de la catastrophe, sur le plan historique et philosophique, mais leurs ouvrages ont été mis à l'index par les nouveaux maîtres et ne sont apparus au grand jour qu'à la fin de l'Empire. Leur long règne (1644-1911) a produit peu d'œuvres majeures. Ce sont quelques œuvres littéraires[2] et des travaux

1. J'ai abordé ce moment de l'histoire à travers la biographie d'un auteur controversé de cette époque : *Li Zhi, philosophe maudit (1527-1602)*, Droz, Genève, 1979. (*Li Tcheu*)

2. Les brefs *Six récits au fil inconstant des jours* (*Fusheng liuji*) de Shen Fu (1763-1801?), dont ne subsistent que quatre, sont les seuls qui nous touchent encore. Ils ont été traduits par Pierre Ryckmans (Larcier, Bruxelles, 1965, puis Lattès,

d'érudition. L'histoire semble s'être arrêtée.
Les dirigeants mandchous ont par contre tiré
parti de ce que la tradition politique chinoise
leur offrait de plus utile à leur domination : 
la splendeur de la cour, une administration
à laquelle donnait accès un système d'examens
imposant le confucianisme le plus rigide, des
méthodes légistes dans le contrôle des rouages
de l'État (polices secrètes) et dans celui de la
sphère inférieure (responsabilité collective,
surveillance étroite de la vie religieuse). Ils ont
donné à l'Empire une dimension nouvelle en y
incluant des peuples tels que les Mongols, les
Tibétains et les Ouïgours. Cette extension leur
a paru naturelle parce qu'eux-mêmes n'étaient
pas chinois. Ils ont laissé à ces peuples leurs
religions et leurs organisations sociales comme
ils gardaient les leurs. En contrepartie, ces
peuples devaient reconnaître l'empereur
comme leur souverain et, selon une tradition
ancienne en Chine, lui faire allégeance en lui
apportant chaque année leur tribut. De ce fait,
les Mandchous ont légué au régime actuel

2009) et, sous le titre de *Récits d'une vie fugitive,* par Jacques
Reclus (Gallimard, 1967). Dans *La Chine romanesque*
(Seuil, 1995), Jean Levi remarque que les grands "romans"
chinois d'avant le XXᵉ siècle, tel le *Rêve du pavillon rouge* de
Cao Xueqin (Ts'ao Sué-ts'inne, env. 1715-1764), ne sont
pas des romans au sens où nous l'entendons.

un lourd héritage car, avec la disparition de l'Empire, ce sont la nation et le nationalisme qui se sont imposés. Ces peuples avaient leur place dans l'Empire, mais quelle place peuvent-ils avoir dans la nation chinoise ? Le régime de Pékin ne leur offre plus rien d'autre qu'une sinisation forcée, imposée par la terreur.

## LA TRAGÉDIE

L'HISTOIRE de la Chine contemporaine est tragique parce que toutes les tentatives que les Chinois ont faites depuis le XIXe siècle pour se libérer du carcan qu'était devenu leur tradition politique par des réformes ou des révolutions inspirées de la nôtre – toutes ces tentatives ont échoué. Si l'État de droit et les libertés que défendent les habitants de Hong Kong et la démocratie de Taiwan sont écrasés, le bilan sera plus lourd encore. Voici les principaux épisodes de cette terrible histoire.

Au XIXe siècle, les Chinois les mieux informés ont vite compris que les puissances coloniales disposaient de moyens supérieurs aux leurs et qu'elles le devaient, non seulement à leurs connaissances techniques, mais à leur organisation sociale et politique. La révolte des Taiping (1850-1864) a été la première tentative de relever ce défi. Elle a été lancée dans le sud-ouest de la Chine par un certain Hong Xiuquan [1], qui s'était converti au christianisme et se considérait comme le frère cadet de Jésus-Christ (notons la hiérarchie des frères, si caractéristique). Il a proclamé en 1851 une ère nouvelle, celle des Taiping, la "Grande Paix" ou "Grande Égalité". Il a pris Nankin en 1853, en a fait sa capitale et a défié de là le pouvoir mandchou de Pékin. Lui et ses compagnons ont mis en œuvre un programme s'inspirant de traditions révolutionnaires chinoises sur le plan social et du progrès technique occidental pour la modernisation du pays. Ils ont suscité une réaction du pouvoir mandchou certes, mais plus encore des classes possédantes du centre de la Chine, qui ont dans l'urgence organisé des armées, mis fin au pouvoir révolutionnaire de Nankin et lancé une répression féroce dans la région afin de se prémunir contre toute nouvelle tentative d'émancipation sociale. Les conséquences proches et plus lointaines ont été graves. Le centre de la Chine, sa partie la plus riche, était dévasté, en partie dépeuplé, et la Chine, contrairement au Japon une quinzaine d'années plus tard, s'est trouvée

---

1. *Hong Siou-ts'uenne.*

désarmée face aux puissances coloniales. Elle était dirigée par une classe de plus en plus conservatrice et un pouvoir impérial affaibli, de plus en plus réactionnaire.

La révolte des Taiping est restée taboue jusqu'à la fin de l'Empire comme en France la Commune de Paris, mais du camp des vainqueurs sont sortis des hommes politiques qui ont entrepris de réaliser une partie de son programme. Empruntant aux puissances occidentales leurs connaissances scientifiques et techniques, ils ont créé des arsenaux et des chantiers navals. Ils ont progressé rapidement, mais ont été pris de vitesse par les puissances coloniales européennes et par le Japon, qui a donné le coup de grâce à cette modernisation lorsque sa flotte a coulé la jeune flotte chinoise devant Shimonoseki, en 1895.

Jusque-là les dirigeants chinois avaient voulu adopter les sciences et les techniques nouvelles tout en restant fidèles à leur tradition politique. Telle était encore l'idée de quelques intellectuels de formation traditionnelle qui ont tenté de réformer l'Empire par le haut, en 1898. Ils préconisaient un confucianisme transformé en religion et des institutions gouvernementales inspirées de celles du Japon de l'époque et de la Russie tsariste. Ils avaient le soutien du jeune empereur Guangxu, mais la douairière

Cixi[1] a mis fin à l'entreprise au bout de trois mois, de sorte que cette tentative est entrée dans l'histoire comme la "Réforme des cent jours". De ses principaux promoteurs, deux (Kang Youwei, Liang Qichao) se sont enfuis au Japon, un troisième (Tan Sitong) a préféré se faire décapiter sur la place publique, pour prendre date.

Des réformes s'imposaient cependant et quelques-unes ont été réalisées au début du xxᵉ siècle. Le système des examens mandarinaux a été aboli. Le gouvernement s'est doté d'un ministère des Affaires étrangères pour traiter avec les autres nations, car l'empereur de Chine ne pouvait plus se prétendre le centre du monde. Ces réformes se seraient probablement poursuivies si l'Empire ne s'était pas subitement écroulé en 1911 et si la république n'avait été proclamée en 1912.

Il faut mesurer quelle nouveauté ce fut : il n'y avait que deux républiques dans l'ancien monde, la française et la chinoise.[2] La seconde mettait fin à un empire deux fois millénaire. Mais les espoirs suscités par la jeune République de Chine ont vite été déçus.

1. *Kouang-su, Ts'eu-si.*
2. La confédération helvétique n'était pas une république à proprement parler.

Les Mandchous avaient été chassés, mais la société n'avait pas beaucoup évolué. Dans les familles, l'autoritarisme patriarcal persistait, sacralisé par un confucianisme d'un autre âge. Il a reçu un assaut frontal de la part des étudiants qui sont descendus dans la rue en mai 1919 à Pékin, puis dans d'autres villes. Ils se sont d'abord mobilisés pour protester contre la décision, prise au congrès de Versailles, de ne pas restituer à la Chine la province du Shandong, qui était devenue une colonie allemande, et de l'attribuer au Japon. Mais très vite leur colère s'est tournée contre les forces du passé qui pesaient si lourdement sur eux et auxquelles ils imputaient la faiblesse de leur pays. Leurs paroles ont dès lors été "À bas la boutique à Confucius!" et "Science & Démocratie!". Cette génération avait pris conscience d'elle-même en lisant une revue fondée à Shanghai en 1915 et dont le titre, *Nouvelle jeunesse*, figurait en chinois et en français sur la couverture.

Le Mouvement du 4 Mai, comme on l'appelle en Chine parce que les manifestations ont commencé à cette date, a été le début de la révolution, mais aussi d'un conflit entre les traditions politiques chinoises et occidentales qui, cent ans après, n'est toujours pas résolu. Le camp progressiste qui est né à ce moment-là s'est vite trouvé confronté à des choix. Fallait-il rejeter en bloc tout le passé chinois, comme le voulaient certains iconoclastes ? Fallait-il commencer par éduquer et mobiliser le peuple chinois pour créer des forces nouvelles ? Le Parti communiste chinois est fondé en 1921 avec l'aide de la toute jeune Union soviétique. Un mouvement ouvrier naissant est durement réprimé à Canton en 1925.[1] Sur ordre de Moscou, le Parti communiste ne s'en allie pas moins au Kuomintang, le parti nationaliste fondé par Sun Yat-sen, le père de la république. La révolution est remise à plus tard. Le pays est divisé, la priorité est de le réunifier. Tchiang Kai-shek lance une campagne militaire qui part de Canton. Arrivé à Nankin en 1926, il la proclame capitale du nouvel État. Arrivé à Shanghai en 1927, il se retourne brutalement contre son allié pour s'entendre avec la grande bourgeoisie chinoise qui s'y est formée. Le mouvement ouvrier chinois ne s'est jamais remis de la brutale répression qui a suivi. Chassé des villes, le Parti communiste mobilise la paysannerie et, tout en restant marxiste-léniniste dans son langage et ses pratiques d'encadrement, se mue en une force de

1. Sur ce moment de l'histoire, lire Harold Isaacs, *La Tragédie de la Révolution chinoise* (Gallimard, 1967).

plus en plus semblable à celles qui ont renversé des dynasties pour en fonder de nouvelles dans le passé. Mao Tsé-toung forme, dirige et incarne cette force. Il est d'origine paysanne. Il s'est senti méprisé par les intellectuels occidentalisés auxquels il a eu affaire quand il était bibliothécaire à Pékin. Il n'est jamais sorti de Chine, comme beaucoup d'entre eux, et n'a jamais su de langue étrangère. Quand les communistes ont pris le pouvoir en 1949, sous sa direction, ils ne l'ont pas fait à la faveur d'une révolution sociale, mais par une victoire militaire. Ils s'étaient certes gagné le soutien d'une partie de la paysannerie par la réforme agraire qu'ils avaient menée dans leurs "bases révolutionnaires". Mais ce soutien n'aurait pas suffi si le Japon n'avait occupé la Mandchourie en 1931 et envahi le reste de la Chine à partir de 1937. Les communistes l'ont emporté parce qu'ils ont pris la tête de la résistance nationale de façon immédiate et déterminée, et qu'ils avaient développé leurs propres forces militaires.

Il faut tenir compte de tout cela pour comprendre le sort tragique des forces démocratiques et progressistes nées du Mouvement du 4 Mai. À partir des années 30, elles se sont heurtées à trois puissances impitoyables : l'occupant japonais, le Kuomintang mué en dictature policière et le Parti communiste qui les attirait dans ses "zones libérées" pour qu'ils participent à la résistance, mais les réduisait au rôle de propagandistes. Le Mouvement du 4 Mai avait déclenché parmi les intellectuels une vaste réflexion sur le destin de la Chine. Ils avaient commencé à soumettre le passé chinois à un droit d'inventaire. Ce mouvement a pu se poursuivre parce que, pendant la guerre, quelques institutions universitaires majeures ont été transférées au Sichuan et au Yunnan, provinces du Sud-Ouest que les Japonais n'ont pas envahies, et qu'une partie des forces vives de la nation y ont trouvé refuge, mais la suite des événements ne leur a pas été favorable. Après la défaite du Japon et d'éphémères pour-parlers entre les deux partis, la guerre entre le Kuomintang et le Parti communiste s'est ter-minée en 1949 par la victoire des communistes et l'exil du Kuomintang à Taiwan. Dans l'île, le régime de Tchiang Kai-shek est resté une dic-tature policière jusqu'en 1987, date à laquelle il a commencé à se convertir à la démocratie et à revenir à sa vocation républicaine première. Pendant des décennies, la vie intellectuelle y avait été étouffée par la régime et par l'isole-ment de l'île. Elle a repris, elle est vive, mais affaiblie par l'incertitude de l'avenir et par la tentation du repli sur une identité locale.

Sur le continent, la victoire des communistes a d'abord suscité de grands espoirs. La création d'une Chine nouvelle, maîtresse de son destin, était à l'ordre du jour. Les progressistes, membres ou non du Parti, ont eu le sentiment que leur heure était venue. Il y a eu, dans les années 50, un retour de l'optimisme et de l'énergie du 4 Mai, mais ce moment a été de courte durée car en 1957, peu après son accession au pouvoir, le Parti s'est senti menacé, à l'extérieur par la dénonciation des crimes de Staline par Khrouchtchev en 1954 – de Staline qui était, en dépit de leur méfiance réciproque, le modèle de Mao Tsé-toung beaucoup plus que Lénine.[1] Et menacé plus encore par les soulèvements de Pologne et de Budapest, qui ont ébranlé des "régimes frères". Au même moment, en 1956, la résistance des paysans chinois à la collectivisation a provoqué une crise de l'approvisionnement dans les villes – où les méthodes utilisées par le Parti pour prendre le contrôle de toute la vie sociale créaient des tensions croissantes. Pour se tirer de cette situation périlleuse, Mao Tsé-toung lance en 1957 le "Mouvement des cent fleurs". Il invite la critique à s'exprimer ouvertement.

1. Sur ce point, voir Lucien Bianco, *La Récidive. Révolution russe, révolution chinoise* (Gallimard, 2014).

Elle fleurit si bien que lui et les autres dirigeants de l'époque mettent brutalement fin
à l'exercice au bout de cinq semaines et lancent
contre les "droitiers" une répression sans merci.
"Droitiers" signifie "opposants au Parti", qui
est de gauche par définition. Tous ceux qui ont
formulé une critique sont privés de leur poste,
emprisonnés ou envoyés dans des camps où
beaucoup mourront. Des millions de vies sont
brisées.[1] La direction du Parti met également
fin à toute liberté d'expression dans le Parti.
Des purges y font régner la peur. C'est à ce
moment-là que le régime devient totalitaire et
que sont créées les conditions des catastrophes
à venir. Mao Tsé-toung veut forcer le cours
de l'histoire et lance en 1958 le Grand Bond
en avant. C'est une folie. Les paysans sont
enrégimentés et contraints d'agir en dépit du
bon sens. L'aventure tourne mal. Les cadres,
qui ont promis de fournir des récoltes records,
mettent le grain sous bonne garde pour tenir
leurs engagements et provoquent une famine
qui coûtera la vie à 30 ou 40 millions de

---

1. 550 000 officiellement, mais une source chinoise non
officielle estime leur nombre à 1,8 million. Si l'on y ajoute
les victimes de la répression qui s'est abattue sur d'autres
catégories de la population en 1958, on arrive à des chiffres
de 4 à 5 millions.

personnes, entièrement due à l'égarement du régime. Quand, à Lushan en 1959, le maréchal Peng Dehuai, vieux compagnon d'arme de Mao Tsé-toung, lui décrit la situation, Mao Tsé-toung cède à Liu Shaoqi[1] sa place à la tête du Parti, mais il est déterminé à la reprendre, s'appuie pour cela sur l'armée que le maréchal Lin Biao, servile, met à son service et sur le culte de la personnalité que ce dernier organise pour lui. Il tente de reprendre par ces moyens le contrôle du Parti puis, échouant, lance en 1966 contre lui la Révolution culturelle. Il pense qu'il sortira vainqueur du désordre qu'il provoque, mais la démesure[2] ne lui réussit pas plus que lors du Grand Bond en avant, quelques années plus tôt. À partir de 1969, il lui faut laisser l'armée, puis la vieille garde du Parti rétablir l'ordre. Quand il meurt, en 1976, il laisse une Chine ruinée par les deux catastrophes qu'il a causées. La violence qui s'est déchaînée de 1966 à 1969, a causé parmi les intellectuels une nouvelle hécatombe.

---

1. *Liou Chao-ts'i.*
2. Je me suis souvent demandé si cette folie démiurgique n'a pas son origine dans sa révolte précoce contre son père qui, du point de vue de la tradition chinoise, l'aurait placé au-dessus des lois. Mao Tsé-toung a raconté cet épisode de sa vie à Edgar Snow à Yan'an en 1936. Voir *L'Étoile rouge sur la Chine* (Stock, 1965), chap. 4.

À partir de 1979, Deng Xiaoping fait réhabiliter la plupart des "droitiers", à titre posthume pour beaucoup. Il inaugure une ère de réformes et d'ouverture sur le monde et laisse se développer à nouveau la vie intellectuelle. Immédiatement réapparaissent les questions qui étaient au cœur du Mouvement du 4 Mai : quel jugement porter sur le passé impérial et sa tradition politique ? Quels emprunts la Chine doit-elle faire à la tradition politique occidentale ? À quoi s'ajoute dans les esprits une question nouvelle : l'ordre instauré par le Parti ne serait-il pas à bien des égards une résurgence de l'Ancien Régime ? La critique de l'histoire impériale devient le moyen de faire le procès du régime et d'exiger sa démocratisation, voire une démocratie véritable. Mais Deng Xiaoping et la vieille garde veillent au grain, c'est-à-dire au maintien du pouvoir du Parti, qui est *leur* pouvoir. Pris de peur, en 1989, ils font tirer sur la foule. La disparition subite de l'Union soviétique en 1991 est pour eux un avertissement plus sévère encore. Éviter ce sort à leur régime devient leur obsession. Deng Xiaoping trouve la parade : le développement. Il libère l'énergie du peuple chinois tout en la canalisant dans cette voie unique. Il en résulte le miracle qui a été économique, mais n'a été ni politique, ni social. Il a reposé et repose encore sur une exploitation sans merci d'un prolétariat rural inépuisable. L'"enrichissez-vous !" lancé aux privilégiés des villes a certes suscité l'esprit d'entreprise, comme il le devait, mais aussi la corruption, au premier chef dans le Parti, car ses membres étaient les mieux placés pour profiter de la nouvelle donne et ne se sont pas faits prier. Faute d'indépendance de la justice et de liberté de la presse, dangereuses pour eux, les dirigeants n'ont eu d'autre choix que de laisser se généraliser le cynisme, le chacun-pour-soi et le culte de l'argent. Le discours révolutionnaire étant devenu un anachronisme gênant, ils l'ont progressivement remplacé par une propagande nationaliste célébrant la résurgence de la puissance chinoise et la supériorité des traditions autochtones sur celles venues d'ailleurs, le "confucianisme" en tête. Cent ans après le Mouvement du 4 Mai, la boucle était bouclée.

Le régime est devenu totalitaire en 1957. Il contrôle depuis lors tous les rapports sociaux. Il empêche ses sujets de s'organiser de façon indépendante. Il surveille la vie de chaque individu, jusque dans sa pensée. Sous Mao Tsé-toung, il se servait pour cela d'incessantes campagnes politiques. Il utilise aujourd'hui l'informatique et l'intelligence artificielle. En échange de leur soumission, il offre aux classes moyennes les drogues de la consommation et du "rêve chinois", nom d'un nationalisme qui repose sur l'ignorance du passé. Il y ajoute, à doses homéopathiques la plupart du temps, un poison paralysant sans lequel il ne se maintiendrait pas : la peur. Mais les dirigeants ne sont pas rassurés, d'où sans cesse de nouvelles mesures. Ne pouvant pas admettre que les effets du cynisme ambiant soient dénoncés par une presse libre et sanctionnés par une justice indépendante, ils tentent de réduire ces maux par des mesures disciplinaires au sein du Parti. Elles sont prises dans le secret, les accusés ne bénéficient d'aucune protection, l'arbitraire règne et répand la terreur. Depuis peu, le pouvoir fait peser la menace de ces procédés extrajudiciaires sur tous les fonctionnaires, petits et grands, membres du Parti ou non. L'échec des forces de progrès semble total. Il n'est pas seulement tragique pour la Chine. Il l'est pour le monde.

## L'INCOMPRÉHENSION

LES DIRIGEANTS chinois ont une stratégie double. Ils cherchent à discréditer en Chine et partout ailleurs les idées susceptibles de mettre en cause leur pouvoir et à faire main basse sur toutes les ressources qu'il faut à leur pays pour devenir la première puissance et le rester. Ils *doivent* avancer dans cette double entreprise parce que leur avenir en dépend.

Ils se sont donc engagés contre nous dans une guerre politique. À l'intérieur de la Chine, c'est une guerre déclarée. Ils dénoncent ouvertement le caractère nocif des "valeurs occidentales" et font obligation aux membres du Parti de les combattre activement, en particulier parmi les intellectuels, les enseignants et les journalistes.[1] Dans les relations qu'ils entretiennent avec nous, ils mènent par contre une guerre non déclarée. Ils cherchent à remplacer là où ils peuvent les idées qui ne leur sont pas favorables par d'autres qui servent leurs intérêts. Ils promeuvent notamment à cette fin l'implantation d'instituts Confucius dans les universités du monde entier. Ils pratiquent l'antique stratégie du *weiqi*, le "jeu des encerclements", qui est le pendant chinois de nos échecs et que les Japonais appellent le *gô*.[2]

1. En fait foi un document interne du Parti, connu sous le nom de "Document n° 9", daté du 22 avril 2013, qui était censé rester secret. Il est intitulé "Communiqué sur la situation actuelle dans la sphère idéologique". On le trouve sur Internet.
2. *Ouéï-ts'i*. *Wei* signifie "encercler", *qi* "jeu d'échecs". Sur cette stratégie, voir la note de la page 125.

Notre ignorance les aide grandement. Elle tient au verrouillage de l'information, à la surveillance exercée sur les étrangers comme sur les Chinois, qui les empêche de communiquer librement. Elle a des causes plus profondes, liées à notre méconnaissance de l'histoire chinoise récente.

Il faut y avoir été mêlé, ne serait-ce qu'un peu, pour avoir une idée des espoirs qui l'ont nourrie au cours du XX$^e$ siècle, du courage dont tant d'hommes et de femmes ont fait preuve, du prix qu'ils ont payé, de leur colère et de leur amertume après leurs défaites, quand ils ont survécu. Il faut avoir un peu de cette expérience pour comprendre l'abaissement qui leur est imposé et le cynisme que certains adoptent pour ne pas trop en souffrir. Il le faut pour mesurer la valeur de ceux qui résistent encore et continuent de penser qu'autre chose est possible.

Notre incompréhension tient aussi à la démesure des malheurs qui ont frappé le pays. On parle de 30 à 40 millions de morts qu'a coûtés la famine inutile de 1959-1960, mais que veulent dire les chiffres ? Le nombre efface la réalité. Que signifient pour nous les vies brisées des centaines de milliers de "droitiers" condamnés en 1957 ? Et celles qui l'ont été pendant la Révolution culturelle ? Qui mesure les

pertes qu'elles ont causées au pays ? L'horreur
dépasse l'imagination de ceux qui n'ont pas
vécu ces catastrophes et même de ceux qui les
ont vécues. Ces derniers l'oublient pour vivre.
Étrange espèce que l'homme, qui s'inflige des
maux qu'il est incapable de concevoir après
coup et risque toujours de recommencer
à cause de cette impuissance.

Notre incompréhension vient aussi de ce que
la plupart d'entre nous ignorent ce que c'est
que de subir au jour le jour un pouvoir totalitaire. Qui n'en a pas l'expérience n'imagine
pas cette privation de liberté. À quoi s'ajoute
que le totalitarisme chinois d'aujourd'hui
diffère de ceux qu'a connus l'Europe. Le totalitarisme naît quand une minorité organisée
s'empare de l'État et du capital et se sert de ces
deux pouvoirs, qui ne font plus qu'un, pour
s'imposer totalement à la société et aux individus. Nous le savons, mais le régime chinois
donne au totalitarisme des traits nouveaux.
Il n'annonce plus de révolution. Il se réclame
d'une tradition séculaire, qu'il présente comme
pacifique. Il parle d'autre part au monde le
langage de l'économie, propose des affaires et
se crée des obligés qui deviennent des agents
d'influence et se chargent d'étouffer la critique
autour d'eux. Une fois qu'il est dans la place,
il use d'avertissements, puis de menaces, puis

de mesures de rétorsion quand ses volontés ne sont pas faites. Les sujets du régime connaissent bien cette gradation et savent où elle mène. C'est contre cette prise de contrôle graduelle que la jeunesse de Hong Kong se bat courageusement, et avec elle beaucoup d'autres citoyens de l'ex-colonie. Elle vise la démocratie taïwanaise, mais ne s'arrête pas aux frontières du monde chinois et, si les Européens n'y prennent garde, ne s'arrêtera pas à celles de l'Europe. Ils ne conçoivent pas que le pouvoir chinois puisse, non seulement les diviser, mais les paralyser peu à peu en soutenant les forces antidémocratiques existantes et en réduisant par ce moyen leurs libertés, dont il veut la disparition.

Notre incompréhension résulte enfin de notre ignorance de l'histoire chinoise dans son ensemble. Quand le régime chinois se réclame de la grandeur passée de la Chine, c'est à l'Empire qu'il se réfère, c'est la grandeur de la Chine impériale qu'il veut restaurer. Il le fait en renouant avec sa tradition politique : au sommet un pouvoir indivisible parce que conçu comme pouvoir d'initiative stratégique ; qui se sert également du civil et du militaire ; ne reconnaît aucun contre-pouvoir et n'a, *dans son principe*, de limite ni dans l'espace, ni dans le temps. Les relations sociales ne sont plus hiérarchisées de part en part comme sous l'Empire, mais le Parti a reconstitué la division de la société en une sphère dominante et une sphère dominée, et impose une hiérarchie rigoureuse dans la sphère dominante. Par la propagande et le contrôle de la pensée, il s'efforce d'enfermer les esprits dans un monde clos, purement autochtone, et y parvient dans une mesure grandissante.[1] En apparence, la Chine d'aujourd'hui n'a plus rien de commun avec l'Empire, mais les atavismes que les forces progressistes ont combattus pendant un siècle ont repris le dessus. Il ne manque qu'une vraie monarchie. Tempérerait-elle les luttes shakespeariennes qui ont lieu à la tête de cet État? Les tragédies de Shakespeare en font douter.

---

1. Sur la redoutable efficacité de ce contrôle, voir la synthèse récente de Kai Strittmatter, *Die Neuerfindung der Diktatur. Wie China den digitalen Überwachungsstaat aufbaut und uns damit herausfordert* (Piper, Munich, 2018). Il en existe une traduction anglaise : *We have been harmonized: Life in China's surveillance state* (Old Street, 2019). Dans un autre ouvrage très bien informé, *The Perfect Dictatorship. China in the 21st Century* (Hong Kong University Press, 2016), Stein Ringen parle de "controlocratie".

JE ME tourne maintenant vers l'Europe. Elle ne sait plus où elle va. Elle est devenue incapable de tirer de son passé une idée de son avenir alors qu'elle est menacée du dehors et du dedans. Elle ne se sauvera que si elle conçoit pour elle-même un projet nouveau. N'est-ce pas tout simple? Les Européens n'agiront que s'ils ont la volonté de le faire, et nul n'a de volonté s'il ne sait pas ce qu'il veut. Défendre leur richesse, leurs acquis sociaux, leurs institutions démocratiques ne les unira pas parce qu'ils en bénéficient trop inégalement. Seul un dépassement de l'état présent des choses peut les mettre d'accord, ou mettre d'accord une majorité d'entre eux. Le dépassement doit être double : politique et philosophique. Politique : il doit proposer des institutions qui fassent d'eux des citoyens égaux, capables de se parler, de s'entendre et de prendre ensemble leur destin en main. Philosophique : il faut que ce projet politique soit nourri par une réflexion commune sur le genre de société vers lequel ils iront.

Le seul projet politique susceptible de sauver l'Europe est à mon avis celui d'une République européenne. Comme je l'ai présenté dans

*Demain l'Europe*, un essai précédent[1], je me borne à en rappeler l'idée centrale : parce que les Européens sont souverains, en tant que citoyens de leurs nations respectives, ils sont libres de se déclarer citoyens d'une telle république. Ils sont libres de se donner une loi commune qui fera d'eux des égaux dans leurs droits et leurs devoirs. Les États-nations, qui sont devenus un obstacle, disparaîtront de ce fait, non de leur mémoire, mais en tant que cadre obligé de leur vie politique. Ces États seront remplacés par des régions de poids comparable entre elles. La république assurera l'unité de l'Europe et l'égalité de ses citoyens tandis que les régions, qui sont plus anciennes que les nations et forment depuis bien plus longtemps la substance vivante de l'Europe, offriront un cadre naturel à la vie démocratique locale. Elles auront leurs propres institutions, dans le cadre de la république.

Je ne reviens pas sur le détail du projet, mais vais évoquer quelques objections que les lecteurs m'ont adressées dans des conversations ou des échanges épistolaires, et les réponses que je leur ai faites.

---

1. Allia, 2019. Dans ce bref ouvrage, j'ai repris l'idée d'Ulrike Guérot, *Warum Europa eine Republik werden muss. Eine politische Utopie* (Piper, Munich, 2017).

L'idée est séduisante, m'ont dit nombre d'entre eux, mais c'est une utopie. Non, leur ai-je répondu, c'est une proposition. Un jeu de l'esprit, me disaient-ils – non, une idée qui peut faire son chemin. Songez que l'Europe est mortelle. Elle a été près de se suicider deux fois au siècle passé, en 1914 et en 1939. En 1945, elle a été sauvée par les États-Unis. Si elle recommence, qui viendra à son secours ? Elle sera dépecée. Il faut savoir imaginer le pire pour pouvoir empêcher qu'il n'advienne. L'idée de République européenne doit mûrir. Elle n'empêche en rien les mesures qui doivent être prises pour corriger dans l'immédiat les défauts de l'Union européenne. Ces mesures peuvent être conçues comme des étapes menant à la république. À elles seules, elles ne donneront pas naissance à une volonté commune parce qu'elles ne posent pas la question des fins.

J'attribue au projet de république une autre vertu : il implique un acte de fondation qui aura lieu à telle date, dans dix ou vingt ans, et qui sera un *commencement*. Ce moment séparera symboliquement la nouvelle Europe de l'ancienne. Les Européens se donneront ce jour-là une identité qui s'ajoutera à celles qu'ils ont déjà. Nous peinons à concevoir les commencements tant qu'ils n'ont pas eu lieu et que nous restons enfermés dans l'état présent des choses, mais nous avons une ressource qui nous permet de surmonter cette difficulté : nous remémorer ceux que nous avons connus dans notre vie, car il y a des commencements dans toute existence, de petits et de grands. Chacun peut se souvenir qu'à tel moment, à tel égard, il est devenu autre.

Une autre objection fréquente était que cette République européenne ne verra pas le jour parce que les Européens n'ont pas d'identité commune. Réponse : ils l'auront à l'instant où, par leur décision, ils seront devenus des égaux, jouissant des mêmes droits et tenus aux mêmes devoirs, participant à une même vie démocratique, bénéficiant en outre des mêmes services, simplifiés par l'unification du droit et une gestion administrative rationnelle. Cette identité n'enlèvera rien à celles que l'histoire leur a données. Elle s'y ajoutera et prévaudra sur le plan pratique. La question de l'identité sera résolue.

Mais on peut répondre autrement à cette objection. Une identité est l'idée de ce que l'on est. Elle est de l'ordre de la pensée et peut être repensée. Pour donner corps à notre identité d'Européens, considérons par exemple ce que fut l'Europe avant nos États-nations et nos identités nationales. La révolution copernicienne, qui a changé le regard de l'homme sur l'univers, est née des recherches du Polonais Copernic (1473-1543), qui s'était instruit en Italie, puis du Danois Tycho Brahe (1546-1601) qui s'est installé à Prague, puis de l'Allemand Kepler (1571-1630) qui vivait dans cette ville, puis de l'Italien Galilée (1564-1642). Elle a été parachevée par l'Anglais Newton (1642-1727). Autre exemple : les pièces de Shakespeare ont été écrites par John Florio (1553-1616)[1], un Juif d'origine italienne qui avait enrichi la langue de son pays d'adoption en traduisant Montaigne (1533-1592) en anglais et publié le premier dictionnaire italien/anglais – anglais/italien. Ses pièces sont pétries, non seulement de néologismes qu'il avait inventés pour traduire les *Essais*, mais de références à la littérature italienne, à laquelle il a emprunté plusieurs de ses intrigues. Autre exemple : au siècle précédent le Pogge (1380-1459), un humaniste florentin, retrouve par hasard dans un monastère allemand le *De rerum natura* de Lucrèce (env. 98-55), sublime poème philosophique que l'église avait tenté par tous les moyens de faire disparaître, et féconde par là la vie intellectuelle et artistique de l'Europe

1. Une démonstration imparable et définitive en est apportée par Lamberto Tassinari dans *John Florio, alias Shakespeare* (Le Bord de l'eau, 2016).

entière. Quoique secrète à cause de l'Église, son influence est partout, dans *Le Printemps* de Sandro Botticelli (1445-1510) comme chez Montaigne et Shakespeare, c'est-à-dire John Florio.[1] Machiavel (1469-1527) en fait une copie pour son propre usage, Molière (1622-1673) une traduction aujourd'hui perdue. Continuons : Machiavel était de Florence. L'État italien n'existait pas, le pays était divisé, ravagé par des guerres intestines et des interventions étrangères. L'auteur du *Prince* a voulu que l'Italie se défende, comme l'Europe doit le faire aujourd'hui. Il a mis son expérience et sa lucidité au service de cette cause – et de celle de la liberté, à laquelle il a réfléchi en méditant l'histoire de sa ville et Tite-Live. Avant lui Dante (1265-1321), autre citoyen de Florence, chassé de chez lui, condamné à errer de ville en ville jusqu'à la fin de ses jours, a écrit dans son exil *La Divine comédie* pour montrer à quels sommets l'être humain peut parvenir quand il vainc en lui la tentation du mal. Il a conçu une monarchie universelle qui est, par l'esprit, un projet de république européenne. Ces exemples pourraient être multipliés, et

1. Sur le redécouverte de Lucrèce et les conséquences qu'elle a eues, lire Stephen Greenblatt, *Quattrocento* (Flammarion, 2015, coll. Champs).

pris dans d'autres époques. La tradition politique dont j'ai parlé est au cœur de l'identité
européenne.

Il est vrai que tout le monde n'a pas les
connaissances qu'il faut pour apprécier à leur
juste valeur ces ressources anciennes, mais en
parlant simple et vrai, on peut les rendre acces-
sibles à tous. Simone Weil disait avec raison
que les gens que l'on dit "simples" sont bons
juges, meilleurs que les demi-savants. À quoi
s'ajoute que les richesses du passé n'ont de
valeur que si elles servent l'avenir.

On s'est aussi demandé si ses langues
multiples ne sont pas pour l'Europe un han-
dicap insurmontable. Elles créent certes une
difficulté, mais sont aussi un atout précieux,
car il n'y a de vie intellectuelle et culturelle
intense que par la différence et par l'obligation de recréer en traduisant. C'est un
avantage que la Chine n'a pas. L'Empire,
dont l'unité était garantie par l'uniformité
de l'écriture, a empêché la formation de
nations et de langues nationales sur son sol.
Les principaux dialectes n'ont pu devenir des
langues nationales comparables à celles de
l'Europe. L'écriture, invariable dans l'espace
et dans le temps parce qu'elle n'est pas soumise à l'oralité, crée en outre entre le passé
et le présent une continuité, apparente ou

réelle, qui décourage la rupture créatrice.
Ses langues sont une richesse pour l'Europe,
mais lui imposent une tâche : faire que tous
les Européens en apprennent plusieurs, à des
degrés divers, dans un esprit pratique, mais
plus encore pour comprendre qui ils sont.
Le grec et surtout le latin peuvent leur en dire
long sur leur commune humanité.

## EUROPE, UN PROJET PHILOSOPHIQUE

LE PROJET philosophique donnera au projet
politique son *orientation*. Il s'agit de nous
interroger sur ce que nous voulons, pour nous-
mêmes et pour les autres, et de fonder cela sur
une véritable *connaissance*. L'idée qu'il puisse
y avoir en la matière une connaissance claire et
certaine n'est pas commune, elle est contraire
à l'esprit du temps, mais je la défends. Cette
connaissance est accessible à quiconque part
de soi, s'en tient à ce qu'il sent et conçoit
par lui-même, sans se laisser distraire par les
discours savants tenus par d'autres, quelle
que soit l'autorité que le monde leur prête.
Déterminons par un usage désintéressé de
la raison ce que nous sommes et ce qui nous
importe le plus. C'est en cela que consiste le
projet et c'est en cela qu'il est philosophique.

Il s'agit de comprendre, en d'autres termes, ce qu'est le sujet humain. Cette ambition peut paraître superflue. Chacun ne se connaît-il pas déjà lui-même ? Et chaque société, chaque culture, chaque époque n'a-t-elle pas eu une certaine conception de ce que nous sommes, ou même plusieurs, liées à des traditions religieuses, des écoles philosophiques ? L'être humain n'a-t-il pas toujours eu cent façons d'imaginer ce qu'il est, en tant qu'être conscient qui dit "je" ? J'en ai rencontré beaucoup au fil des années. Elles avaient un trait commun : le sujet puisait dans la représentation qu'il se faisait du monde extérieur de quoi se figurer ce qu'il était lui-même. Ce monde extérieur pouvait être un univers religieux, une cosmologie, un état des sciences de la nature. Le sujet était une âme prisonnière d'un corps, un théâtre où s'affrontaient des démons bons et mauvais, un système où se mélangeaient des humeurs, une cornue où s'accomplissaient des transformations, etc. Ces représentations ont souvent passé par un véritable savoir. Le langage, l'opinion, l'autorité faisaient passer pour sûr ce qui ne l'était pas.

Pour sortir de cette infinité de vues incertaines, il ne faut plus imaginer, mais observer. Sans idée préconçue, ou plutôt : avec au départ une idée aussi ouverte que possible. Cette

idée, la voici : nous allons observer *de l'activité*
parce que c'est *d'activité* que nous sommes
faits. Cette idée suggère une réalité indéter-
minée, observable à loisir, comme par jeu.
L'observation de cette *activité* conduit à une
succession de découvertes et à la connaissance
de ce que nous sommes en tant que sujets. Voici
ces découvertes, très brièvement résumées :

Nous nous apercevons que la conscience
de soi *se forme au sein de notre activité*. Elle
apparaît quand, par moments et à des degrés
divers, par une sorte de condensation, cette
activité devient sensible à elle-même. Nous
ne parlerons donc plus de *la* conscience, mais
*d'activité devenant consciente*. Nous rejetterons
le substantif "conscience" parce qu'il suggère
que la conscience existe en soi, indépendam-
ment de ses contenus.

Nous découvrons ensuite que c'est ce phénomène de l'activité devenant consciente qui
crée au sein de l'activité *un rapport à soi* qui fait
d'elle *mon* activité, et que c'est ainsi que naît le
sujet qui dit "je".

Nous découvrons que cette observation,
incertaine au début, peut se poursuivre avec
méthode. Pour qu'elle soit féconde, deux
conditions doivent être remplies : il faut
chaque fois *nous arrêter*, c'est-à-dire suspendre
en nous toute intention, quelle qu'elle soit.

Cela n'est possible que si nous cessons de nous mouvoir. Nous devons nous installer dans l'immobilité de façon à pouvoir y rester sans effort. La seconde condition est que nous désactivions le langage pour ne pas nous laisser détourner de notre observation par les idées toutes faites qu'il véhicule. C'est chose facile quand le désir de nous mouvoir nous a quittés et que nous n'avons plus d'intentions. J'ai traité de façon plus complète de cette question de méthode dans *Esquisses*[1] et nommé "arrêt" le moment de l'entrée dans ce régime où notre disponibilité, notre réceptivité et notre attention sont les plus grandes. L'arrêt est un acte naturel : nous nous arrêtons spontanément pour penser, pour écouter, pour sentir, mais nous pouvons aussi cultiver cette opération mentale et, par elle, nous muer en spectateurs de notre propre activité. Nous pouvons ensuite réintroduire le mouvement et observer, toujours impassibles, comment se modifie notre activité quand nous agissons. Nous pouvons enfin réintroduire le langage et observer avec la même attention comment change alors notre rapport à nous-mêmes et aux choses.[2]

1. Voir *Esquisses* (Allia, éd. remaniée de 2018), p. 25-26.
2. *Ibid.*, p. 37-38 et 57-60.

Dans la suite, nous remarquons au sein de notre activité des enchaînements, des séquences, des changements de régime récurrents, bref des constantes que nous appellerons des *lois de l'activité*. Ce sont des lois que chacun pourra découvrir et vérifier par lui-même. Ce sont elles qui formeront la connaissance du sujet. Ce sera une connaissance d'un genre nouveau. Elle sera comparable à celle qui est apparue à l'âge moderne en physique lorsqu'on a rompu avec l'évidence naturelle pour chercher des constantes mathématiques dans des mesures faites au préalable.[1] Cette connaissance de nous-mêmes ne s'exprimera pas par des formules mathématiques, mais elle nous conférera un pouvoir. Non d'action sur le monde extérieur, mais sur nous-mêmes. Ce ne sera pas un pouvoir d'action directe et immédiate comme la physique. Elle nous apprendra à mieux tirer parti de nos ressources, autrement dit à perfectionner notre activité, ce qui nous conduira à une nouvelle découverte : qu'en progressant dans la connaissance de ces lois, nous en tirons de mieux en mieux parti et nous avançons simultanément dans notre connaissance de

---

1. Voir *Demain l'Europe*, p. 39-47, "Une double révolution philosophique".

nous-mêmes, dans notre puissance d'agir et par conséquent dans notre liberté.[1]

Cette exploration peut se poursuivre dans tel domaine particulier de notre activité. Le chef d'orchestre Ernest Ansermet nous en offre un exemple dans *Les Fondements de la musique dans la conscience humaine*. Il élucide dans cet ouvrage majeur le phénomène musical, c'est-à-dire ce qui se produit en nous quand nous faisons de la musique ou que nous en écoutons. L'activité que nous développons dans ces moments-là présente un grand intérêt : elle nous engage tout entiers et elle réunit toutes nos facultés hormis le langage. Dans ses formes les plus évoluées, elle est en outre l'aboutissement d'une progression historique qu'il est possible de reconstituer.

## LE PHÉNOMÈNE MUSICAL

PEU après la publication des *Fondements*, dans une lettre envoyée d'Athènes, datée du 10 mai 1963, Hannah Arendt écrivait à Ansermet : "Les quelques chapitres que j'ai lus m'ont étonnée par l'originalité et la fertilité

---

1. Telle est la proposition centrale des *Esquisses*, p. 72-73.

de votre méthode et des résultats obtenus par l'application de la phénoménologie. Cette analyse des structures est extrêmement instructive même pour ceux qui comme moi ne sont pas musiciens. (…) J'ai l'impression très nette que vous avez réussi de fonder une nouvelle science d'une grande importance pour la philosophie."[1] Denis de Rougemont écrivait au même moment dans un compte rendu : "Tentative unique, œuvre d'une étonnante jeunesse, dont l'avenir seul découvrira les dimensions."

Un demi-siècle plus tard, cette œuvre ne semble pas avoir été comprise. Je vois à cela plusieurs raisons. Le titre d'abord : il annonce un ouvrage exclusivement consacré à la musique alors qu'il éclaire certes la musique par une étude de la conscience humaine, mais éclaire tout autant la conscience humaine par la musique. Les musiciens ne l'ont guère lu parce qu'ils n'avaient pas besoin de cette réflexion philosophique et jugeaient que l'action exercée par Ansermet comme chef

---

1. Lettre conservée à la Bibliothèque publique et universitaire de Genève. Hannah Arendt a lu l'édition originale de l'ouvrage : Ernest Ansermet, *Les Fondements de la musique dans la conscience humaine* (La Baconnière, Neuchâtel, 1961, deux volumes de 609 et 291 p.). Le second volume contient les notes.

ÉDITIONS ALLIA
16 RUE CHARLEMAGNE
F - 75004 PARIS

NOM : ..............................................................................

PRÉNOM : .......................................................................

ADRESSE : ......................................................................

..............................................................................

CODE POSTAL : ..............................................................

VILLE : ............................................................................

PAYS : ............................................................................

E-MAIL : ........................................................................

DÉSIRE RECEVOIR LE CATALOGUE DES ÉDITIONS ALLIA

d'orchestre et grand promoteur de la musique contemporaine, pendant plus d'un demi-siècle, suffisait à sa gloire. D'autres lecteurs ont été découragés par la longueur de l'ouvrage et par sa difficulté. Ils se sont méfiés d'une œuvre qui leur paraissait inclassable et qui l'était en effet. Fort heureusement, quelques personnes qui ont été proches d'Ansermet et mesuraient la valeur de son apport sur le plan de la pensée en ont procuré en l'an 2000 une réédition, faite avec soin et complétée par d'autres écrits d'Ansermet sur la musique.[1] Elles ont rendu possible la reprise de sa réflexion. L'ouvrage m'a vivement intéressé parce qu'il portait sur des questions analogues à celles que je m'étais posées dans mon ouvrage sur la calligraphie, paru en 1989 sous le titre d'*Essai sur l'art chinois de l'écriture*.[2] C'est pour cette raison que j'ai intitulé l'édition remaniée, publiée en 2010, *Essai sur l'art chinois de l'écriture et ses fondements*.[3] L'ouvrage d'Ansermet, qui est

1. Ernest Ansermet, *Les Fondements de la musique dans la conscience humaine et autres écrits*, édition établie sous la direction de Jean-Jacques Rapin, préface de Jean Starobinski (Laffont, 2000, coll. Bouquins, 1119 p., épuisé).
2. Skira, Genève, 1989, illustrations en noir et en couleurs. Réédité par Skira, Milan, à partir de 2001, avec une postface.
3. Allia, 2010, illustrations en noir et blanc.

d'une bien plus grande portée, n'a cessé de m'occuper depuis lors.

Il est une œuvre inaboutie. Ansermet aurait voulu le réécrire entièrement. Le plan est déroutant, il embrasse des thèmes dont on ne devine pas tout de suite le rapport. L'auteur n'a pas toujours été heureux dans le choix des termes qui lui ont servi à forger le langage philosophique dont il avait besoin. Ces défauts s'expliquent. Ernest Ansermet (1883-1969) a été un grand chef d'orchestre. Il a dirigé l'orchestre des Ballets russes de Diaghilev de 1915 à 1917. Il a fondé l'Orchestre de Suisse Romande en 1918 et l'a dirigé jusqu'en 1967, le conduisant dans le monde entier. Il a été l'interlocuteur et l'ami de la plupart des grands compositeurs de son temps, dont il a souvent été le premier à jouer les œuvres. Il a été un inlassable vulgarisateur et pédagogue, mais aussi un penseur : il a cherché à comprendre le phénomène musical proprement dit. Rien n'en rendait véritablement compte dans la littérature existante, qui comprenait d'une part des études historiques, de l'autre des traités de composition ou des analyses d'œuvres classiques. Il a voulu parvenir à l'intelligence de l'événement qu'est la musique dans le moment où elle est jouée et perçue. Il a beaucoup lu, entre les deux guerres, dans l'espoir de trouver les penseurs qui le mettraient sur la voie. C'est en lisant en 1944 *L'Être et le néant* de Jean-Paul Sartre, paru l'année précédente, qu'il a eu le sentiment d'une percée : la phénoménologie allait lui fournir la méthode qui lui avait manqué jusque-là. Ses échanges avec Sartre l'ont cependant vite convaincu qu'ils étaient trop différents pour que le philosophe parisien lui fût d'un grand secours. Il s'est donc mis seul au travail et a consacré une partie importante de son énergie et de son temps à cette tâche qui était centrale pour lui. Elle est devenue plus complexe et ambitieuse à mesure qu'il avançait, de sorte que le travail a duré quinze ans. À partir de 1948, il a bénéficié de l'aide de Jean-Claude Piguet (1924-2000), jeune professeur de philosophie à l'université de Lausanne et musicien lui-même. La rédaction des *Fondements* n'en a pas moins été, pour l'essentiel, une entreprise solitaire. Elle était si nouvelle qu'il ne pouvait en aller autrement.[1]

Mais pourquoi un sinologue attache-t-il pareille importance à cet ouvrage ? Avant de répondre, il faut que je le présente brièvement.

---

1. Sur la vie d'Ansermet, lire l'ouvrage richement illustré de Jean-Jacques Langendorf, *Ansermet* (Slatkine, Genève, 1997, épuisé), dont le texte a été repris en petit format : *Ernest Ansermet, une vie de musique* (Presses polytechniques et universitaires romandes, Lausanne, 2004, coll. Le savoir suisse).

Qu'est-ce que la musique ? s'est demandé Ansermet. De la part d'un homme qui en avait une expérience si intime et si complète, qui connaissait toute l'histoire de la musique occidentale, qui s'était intéressé aux traditions musicales extra-européennes et à d'autres formes de musique, au jazz par exemple – de la part d'un tel homme, cette question appelait une réponse très réfléchie. Il l'a trouvée en suivant deux voies. Il a d'une part mis en lumière les conditions de possibilité du phénomène musical vécu qui sont données par la nature. Il a d'autre part montré comment ces conditions naturelles et universelles ont été explorées et exploitées à des degrés divers au cours de l'histoire et dans différentes parties du monde. Il a montré que c'est dans la musique européenne, telle qu'elle s'est développée à partir du Moyen Âge et de la Renaissance, que cette exploration et cette exploitation ont été poussées le plus loin. Il a montré quelle succession de circonstances favorables a rendu cela possible.

Cette seconde voie l'a conduit à distinguer trois âges dans l'histoire de la musique en général. Le premier est l'âge naïf. Toutes les sociétés humaines l'ont connu. Elles ont toutes découvert qu'il y a des sons et qu'on peut les faire chanter lorsqu'on respecte certains rapports qu'ils ont entre eux, en premier lieu ceux de l'octave, de la quinte et de la quarte. La musique de ce premier âge est transmise oralement, elle se joue sur des instruments rudimentaires, ce qui ne l'empêche pas d'être parfois d'un grand raffinement. Elle évolue peu.

Le deuxième âge est celui des musiques savantes. Elles naissent quand les rapports entre les sons sont explorés de façon réfléchie, qu'ils deviennent l'objet d'un savoir et que l'on construit des instruments conçus pour produire les sons qu'on a retenus. De telles musiques sont apparues en Chine, en Inde, dans le monde arabe, dans la Grèce ancienne. Certaines ont été notées. Elles ont été liées à des spéculations religieuses, cosmologiques ou philosophiques. Parce qu'elles ont privilégié chacune un système de sons restreint, arrêté une fois pour toutes, chacune a créé un monde musical distinct. Ces mondes ne communiquent pas entre eux. Ils évoluent peu et semblent intemporels. En Chine la musique extrêmement raffinée du *qin*[1], la cithare plate à sept cordes, en est un parfait exemple.

---

1. *Ts'inne.*

Le troisième âge n'est advenu qu'en Europe.
Il est né, selon Ansermet, de la pratique de
la psalmodie dans les monastères chrétiens.
En chantant ensemble et en s'écoutant les
uns les autres, les moines ont exploré l'univers
des sons plus complètement que cela n'avait
jamais été fait parce que la voix humaine n'est
pas programmée d'avance comme les instruments de l'âge précédent. Ils se sont livrés à des
recherches nouvelles. Ils ont découvert l'usage
simultané de sons différents, c'est-à-dire
l'harmonie, puis le développement simultané
de deux, voire plusieurs lignes mélodiques,
c'est-à-dire le contrepoint. Par ces inventions,
ils ont ouvert la voie au développement de
toute la musique occidentale des siècles suivants. L'expérimentation n'a plus cessé. Elle
a mené à une connaissance du monde des sons
de plus en plus complète et à la mise au point
d'instruments susceptibles de les produire
tous. Cette science de la musique a atteint sa
maturité chez Bach (1685-1750). Des traditions
nationales se sont ensuite formées qui se sont
nourries de la sensibilité des différents peuples
européens, d'où un nouvel enrichissement.
Ansermet pensait qu'au milieu du XXe siècle
cette conquête des *moyens* de la musique était
achevée et que désormais ne compterait plus
que la création individuelle.

Mais dans ce 3ᵉ âge de la musique, Ansermet a aussi vu autre chose : l'émergence du sujet. Quand une personne chante, joue de la musique ou l'écoute jouée par d'autres, elle *s'éprouve elle-même*. La musique la pénètre, la met en mouvement et crée en elle une émotion que l'on peut qualifier de pure parce qu'on ne peut pas la réduire à celles que suscite en nous la vie quotidienne. L'expérimentation musicale a mené à la découverte que l'émotion était l'effet de la musique, mais pouvait aussi en être la source. Le musicien pouvait exprimer par elle son émotion, ses ressources personnelles, son caractère. Il est devenu *sujet* de la musique par l'improvisation, dans le cadre nouvellement acquis de l'harmonie et du contrepoint, puis par la création individuelle, fixée et transmise par la notation musicale. C'est ainsi que son nés la figure du compositeur et l'art de la composition qui a prodigieusement enrichi la musique européenne depuis cinq siècles.

Mais pourquoi cette éclosion s'est-elle produite en Europe seulement ? Ansermet voit à cela trois raisons : la première est l'exploration du monde des sons par la voix humaine, la deuxième l'expérimentation qui a ensuite conduit par des voies multiples à une science musicale achevée, la troisième la transformation de l'émotion musicale d'effet en source de création individuelle. Ansermet pensait que ce renversement avait en outre une cause lointaine qui n'était pas musicale, mais religieuse. Elle était dans l'enseignement révolutionnaire de Jésus, qui avait appris à ses disciples que la source de l'éthique n'était pas dans un commandement venu du dehors mais en eux-mêmes et qu'ils la retrouveraient, chaque fois qu'ils en auraient besoin, par le retour à soi qu'est la prière. Selon Ansermet, la musique ne serait pas entrée dans le 3ᵉ âge de son histoire sans le ferment qu'a été cette découverte de l'autonomie psychique et si le christianisme ne l'avait pas transmise jusqu'aux temps modernes en dépit de toutes les vicissitudes de l'histoire.

Pour pouvoir affirmer que cette musique a une portée universelle parce qu'elle tire entièrement parti des ressources de l'oreille humaine, il fallait aussi montrer comment le mécanisme de l'audition produit en nous le phénomène musical. Ansermet s'est inspiré pour cela de la phénoménologie, mais c'est une explication scientifique qu'il a fournie. Avant de se consacrer à la musique, il avait acquis à Lausanne et à Paris une formation de mathématicien et s'est trouvé devant un problème qui n'avait pas été résolu, ni même clairement perçu : celui du rapport entre les sons et l'effet musical proprement dit, qui résulte non des sons isolés, mais des intervalles entre les sons. Un son se définit par une certaine fréquence, un intervalle par un rapport de fréquences. Nous disons familièrement que l'octave, par exemple, est la somme d'une quinte (do-sol) et d'une quarte (sol-do). Ansermet s'est aperçu que, pour notre oreille, l'octave n'est pas une somme, mais un rapport de fréquences qui est, mathématiquement, le produit des rapports de fréquences respectifs de la quinte et de la quarte – ce qui lui a fait dire que le phénomène musical est logarithmique. Il attachait une grande importance à cette découverte, qu'il a faite en appliquant sa connaissance des mathématiques aux mesures fournies par les acousticiens. Elle l'a conduit à placer en tête de son grand ouvrage un exposé détaillé de ces données. Fort heureusement, le lecteur peut ignorer cette partie-là. Comme Ansermet le dit lui-même dans l'un de ses entretiens radiophoniques avec Jean-Claude Piguet, la musique occidentale, celle du 3e âge, est née lorsque le musicien, au lieu d'écouter son instrument, s'est mis à écouter le système logarithmique qui régit son activité auditive. Il suffit d'avoir compris cela pour entrer dans sa pensée. Je recommande d'ailleurs au lecteur que cela intéressera de commencer par ces entretiens[1], puis de pénétrer dans les *Fondements* par où il voudra, sans se croire tenu d'en faire une lecture suivie. Il découvrira comment Ansermet parle de l'évolution de la musique, de l'apport de chaque compositeur, du caractère des musiques nationales, des recherches les plus récentes de son temps – mais d'abord de la naissance des sons, des intervalles ascendants et descendants dans la mélodie ou simultanés dans l'harmonie, du rapport de l'harmonie et de la mélodie ou *des* mélodies dans le contrepoint, des modes majeurs et mineurs, de l'image musicale et des variations auxquelles elle donne lieu, de la cadence et des rythmes, qui se calquent directement ou indirectement sur les rythmes naturels des battements de cœur, de la respiration, de la marche. Il montre comment la musique tire parti de l'ensemble de notre activité, qui est faite d'actions et de réactions, d'équilibres et de déséquilibres, de tensions et de résolutions des tensions – et comment elle agit en retour sur le tout de l'activité dont nous sommes faits. Dans tout cela, l'oreille a un rôle central, car c'est elle qui transforme les vibrations de l'air en sons

1. Ernest Ansermet et Jean-Claude Piguet, *Entretiens sur la musique* (La Baconnière, Neuchâtel, 1963, 1983), p. 123.

et les intervalles de sons en musique, mais c'est aussi l'oreille qui enregistre nos mouvements dans l'espace, contrôle notre équilibre et assure notre verticalité ; c'est elle encore qui, transforment les vibrations de l'air en énergie électrique, recharge nos batteries. C'est elle qui, par l'intermédiaire du nerf facial, contrôle l'activité du bas du visage, qui est l'instrument de l'élocution et du chant.

## LE SUJET AUTONOME

ANSERMET est allé plus loin. Il s'est aperçu que l'émergence du sujet autonome qui est au cœur de la musique européenne du 3ᵉ âge s'est produite de façon analogue dans d'autres domaines durant la même période. Au cours des mêmes siècles, le sujet s'est affirmé en s'émancipant de diverses façons du monde clos dans lequel il était enfermé. Copernic (1473-1543) et Galilée (1564-1642) ont compris que la terre est un astre parmi d'autres. Pascal (1623-1662) s'est rendu compte qu'il n'y avait plus de monde fini. Avant lui Montaigne (1533-1592) avait ouvert à l'étude de l'homme un champ nouveau en décrivant exactement le mouvement de ses humeurs et de ses pensées quotidiennes, doutant de tout le reste. Luther (1483-1546) et Calvin (1509-1564) avaient dressé contre l'autorité de l'Église celle de la conscience individuelle. Les peintres de différents pays avaient commencé à célébrer l'individu en créant un art du portrait tout aussi nouveau. En Italie, ils avaient inventé la perspective, qui ordonne le monde extérieur à partir du point qu'occupe l'œil du peintre. Descartes (1596-1650) a tenté de fonder la connaissance sur une donnée toute subjective : le sentiment qu'il avait de lui-même quand il pensait – mais s'est ensuite efforcé de concilier ce point de départ nouveau avec le dogme. Spinoza (1632-1677) a été plus audacieux. Il a proposé une conception du sujet humain entièrement libérée de celle des religions révélées. Ces quelques noms suffisent à évoquer les débuts d'une aventure que rien ne laissait présager, qui n'a cessé de prendre de l'ampleur au cours des XVIII$^e$, XIX$^e$ et XX$^e$ siècles et dans laquelle nous sommes encore engagés aujourd'hui. Elle s'est développée sans plan ni perspective d'ensemble, par des audaces individuelles, des influences, des conflits, des reculs, des reprises d'un bout à l'autre de l'Europe. Ansermet a vu dans cette marche désordonnée un mouvement de fond. Il y a vu l'avènement progressif du sujet autonome, conscient de ses ressources, qu'il avait observé de près dans le domaine de la musique. Il en a conclu que l'idée du 3e âge avait une portée générale. Elle éclairait l'histoire récente de l'Europe en révélant le rôle qu'y a joué cette émancipation du sujet, mais elle aidait aussi à comprendre ce qu'est ce sujet émancipé. C'est ce second versant de sa réflexion qui donne à la pensée d'Ansermet son ampleur et sa profondeur. Il pensait que la musique occidentale nous apprend, d'une certaine façon, ce qu'est ce sujet devenu conscient de son autonomie.

C'est un sujet qui se connaît lui-même. Il en a une connaissance d'un genre particulier, qui n'a pas été suffisamment reconnu parce qu'au cours des mêmes siècles, une autre forme de connaissance est devenue dominante. La méthode scientifique a substitué l'abstraction et le calcul à l'appréhension naturelle du monde sensible. Elle a écarté le "sentiment naturel", comme disait Pascal. Et quand les penseurs ont voulu appréhender le sujet lui-même, ils ont également procédé par la mise à distance, le doute, la critique des apparences, ce qui a jeté la pensée dans d'insolubles contradictions. Elle en est tombée malade.

Ansermet ne rejette pas la connaissance scientifique, mais place à côté d'elle celle que le sujet acquiert de sa propre activité à mesure qu'il la développe et l'affine : la connaissance de lui-même en tant qu'être actif et agissant. La musique y donne un accès privilégié, mais d'autres pratiques y conduisent aussi. À travers son activité, le sujet se connaît lui-même et découvre en même temps les propriétés des objets sur lesquels il agit, ainsi que les lois de la nature auxquelles ils obéissent.

À cette forme de connaissance, Ansermet a donné un nom : l'entendement. Il désigne par ce terme la forme de raison qui naît de la pleine conscience que le sujet devenu autonome a de sa propre activité et des choses sur lesquelles il agit. Cette connaissance n'apparaît pleinement qu'au 3e âge. Ansermet montre ce qu'elle est en musique. Le musicien du 3e âge sait que son chant ou la musique qu'il joue a sa source en lui seul et résulte de l'usage qu'il fait des ressources que lui a données la nature. L'auditeur, qui possède les mêmes ressources, éprouve la même émotion que lui. Comme le musicien, il *s'éprouve lui-même*. Ils sont l'un et l'autre de l'activité qui *se perçoit pleinement elle-même*. C'est pour cela, dit Ansermet, que l'expérience de la musique est toujours heureuse, que la musique soit gaie ou triste. Elle est de l'émotion pure.

Ansermet considère que la musique du 3e âge possède aussi une valeur éthique. Elle a sa source lointaine, dit-il, dans l'enseignement de Jésus. Jésus n'a pas prescrit de morale à ses disciples mais leur a appris à prier, c'est-à-dire à faire retour sur eux-mêmes pour trouver au-dedans d'eux-mêmes le ressort de l'action juste. Cet éthos, dit Ansermet, n'est pas "une conformité à des normes extérieures mais une détermination de soi par soi", qui est "le propre de l'homme et le signe de sa noblesse". Jésus a substitué à l'attitude passive des autres religions une attitude active. Ce ferment a agi quand les moines du Moyen Âge se sont mis à explorer l'univers des sons et a continué d'agir dans l'histoire de la musique occidentale. "La conscience éthique est à l'image de Dieu, dit Ansermet, parce qu'elle n'a d'autre fondement qu'elle-même." Il en va de même de l'émotion musicale parce que, lorsqu'elle atteint la plénitude, elle se suffit absolument. Ansermet déduit de là une théologie (nous sommes en pays protestant) : la foi est l'expérience de nous-même et de notre autonomie, expérience que nous faisons dans la prière, dans la musique et dans d'autres moments semblables. Les expériences de ce genre sont des moments d'accomplissement au-delà desquels il n'y a rien d'autre. Conclusion : "Dieu n'était pas ce qu'on croyait."

Avant Jésus, Socrate a introduit dans l'histoire un autre ferment. Il incitait ses interlocuteurs à chercher, non au-dehors, mais en eux-mêmes la source du beau, du bien, du vrai, du juste, de la vertu, du courage. Par son herméneutique, son "art d'accoucheur", il les amenait à la détermination de soi par soi, autrement dit à l'attitude active en quoi consiste l'éthique. Ayant été condamné à mort parce qu'il détournait supposément la jeunesse des rites religieux de la cité, il a bu la ciguë et joué de la flûte en attendant la fin plutôt que de transiger. Il avait montré qu'il n'y a de limite ni aux questions qu'il est loisible de se poser, ni à la liberté qu'on a d'en débattre. Il a introduit dans l'histoire le ferment de l'autonomie intellectuelle tandis que Jésus y a introduit celui de l'autonomie psychique. Leur rôle a été déterminant. Les deux ferments ont agi de façon lente et souvent cachée pendant des siècles, se sont conjugués à partir de la Renaissance et ont rendu possible le $3^e$ âge, qui est né de leur réunion et qui est achevé en musique, mais loin de l'être dans d'autres domaines. Telle est la vision d'Ansermet.

Elle l'a conduit à juger sévèrement une partie de la musique de son temps. Il a catégoriquement rejeté la musique dodécaphonique préconisée par Schönberg et l'expérimentation à laquelle se livraient ses disciples, ce qui lui a valu d'être considéré par certains comme

un homme du passé. Pour lui, leur musique
était une régression. En soumettant la composition musicale à une règle de pure forme,
et qui plus est de forme arbitraire, non fondée
sur le phénomène de l'écoute, ils retournaient
au 2$^e$ âge de la musique, voire en-deçà. Il leur
consacre un long développement, nuancé sur
Arnold Schönberg, Anton Webern et Alban
Berg, sévère sur leurs épigones. Dans leur
égarement, il voit le symptôme d'un mal plus
général : l'oubli de l'éthique, qui entraîne la
perte du sens de l'humain. Il observe cette
perte chez Stravinski et chez Picasso, qui n'ont
pas développé de style personnel parce qu'ils
sont restés étrangers à l'éthique. Ansermet, qui
a été très proche du premier, analyse longue-
ment son cas. Il reconnaît son génie, mais le
considère comme un artiste du 2$^e$ âge parce
que foncièrement impersonnel.

Ansermet considérait cette perte du sens
de l'humain comme un phénomène plus
général. À mesure qu'a progressé l'autonomie
du sujet, observe-t-il, dans la vie sociale
s'est généralisée une division de plus en plus
marquée entre le sujet éthique, qui puise en
lui-même sa détermination, et le sujet économique, soumis à une détermination extérieure
– d'où cette critique du capitalisme : la condition de "l'homme divisé", écrit-il, "ne sera

surmontée que lorsque la détermination
éthique reprendra le pas sur la détermination
économique. C'est devant ce pas difficile
à franchir qu'aujourd'hui piétine sur place
l'histoire occidentale ; et si, dans les relations
économiques entre les hommes, l'éthique
l'emporte sur la vision pragmatique des
choses et sur la primauté de l'intérêt, l'histoire
engendrée par l'éthique chrétienne reprendra
son cours ; l'homme entrera dans le troisième
âge de l'histoire, dans la voie de ce royaume
de Dieu qui s'annonce au cœur de l'homme".
Il le fera, précise Ansermet, par la conscience
de son autonomie intellectuelle et affective.[1]

Voilà résumée en deux tableaux la grande
fresque d'Ansermet. La perspective qu'elle
ouvre et le projet philosophique dont j'ai parlé
plus haut se rejoignent. Ansermet décrit la
progression historique qui conduit à l'autonomie du sujet tandis que je me suis intéressé
à la progression individuelle qui mène à cette
même autonomie. Le but est la connaissance
qu'Ansermet appelle l'entendement et que
j'appelle la connaissance du sujet. J'y ai joint
une idée qui n'apparaît pas chez Ansermet :

1. Les citations proviennent des pages 145, 541, 485 et
483-484 des *Fondements*, dans l'édition Bouquins. Sur
Stravinski : p. 724-770.

que c'est le besoin en même temps que le désir naturel de tout être humain d'aller vers plus d'autonomie, c'est-à-dire vers plus de connaissance de soi, de puissance d'agir et donc de liberté. Le fait que souvent ce désir s'égare ou soit perverti n'y change rien. Il est le besoin-désir essentiel sous lequel tous les autres besoins et tous les autres désirs peuvent être subsumés. Sa satisfaction exige une société civilisée, laquelle suppose une base matérielle assurée, qui dépend à son tour d'un milieu naturel favorable. Tout cela se tient et doit être également garanti.

Dans la pensée d'Ansermet comme dans mon idée, l'autonomie consciente du sujet est l'aboutissement ultime, aussi bien à l'échelle de l'histoire qu'à celle de la vie individuelle. Elle ne situe pas l'homme au-dessus de la nature, mais représente ce qui se forme en elle de plus remarquable et de plus précieux.[1]

Cet aboutissement place le sujet en deçà de toute convention ou institution sociale. Il ne les ignore pas, mais agit quand il le faut selon une nécessité qui lui est propre. Sa pensée n'est pas limitée par le langage et les mondes imaginaires que le langage imprime dans les

1. Voir à ce propos la note de la p. 135.

esprits parce qu'il s'exprime en termes nouveaux quand la nécessité s'en fait sentir.

Ce plein accomplissement de la nature
humaine n'est pas une réalité commune et ne
le sera peut-être jamais, mais il est réalisable et
il a été réalisé. Dans le passé, certaines sociétés
l'ont découragé ou empêché tout à fait tandis
que d'autres l'ont favorisé. Ansermet a montré
comme il a été réalisé en Europe dans la
musique[1] et d'autres domaines, puis empêché
de s'étendre à toute l'existence. Le projet
philosophique qui doit animer le projet politique et lui donner son orientation n'est pas
autre chose que cet accomplissement de la
nature humaine.

Ce projet politique et philosophique est né
en Europe. Il n'est dû ni à la providence, ni
à quelque prédestination, ni à une supériorité
originelle, mais à des hasards de l'histoire et
à l'enchaînement qu'ils ont produit. Il impose
à l'Europe une tâche : celle de le mener à son
terme autant que ce sera possible.

1. L'universalité de cette musique n'est-elle pas prouvée
par l'accueil qui lui est fait en Chine, au Japon et ailleurs ?
Dès qu'elle est comprise, elle est adoptée et cultivée dans
ces parties du monde aussi bien qu'en Europe.

VOILÀ ce qui sera perdu si l'Europe perd la maîtrise de son destin : un acquis et plus encore *un projet*. C'est un projet qui servira de pierre de touche dans les décisions que nous aurons à prendre en vue de l'avènement de la république, mais aussi dans nos rapports avec le régime chinois, qui mène contre nous une guerre des idées. Pour nous défendre et pour la gagner, nous devons comprendre comment il la livre. Nous devons, entre autres choses, déjouer un piège qu'il nous tend sur le plan des idées, celui du relativisme.

Le relativisme considère que, chaque société ayant ses propres "valeurs", on ne peut se réclamer de celles de l'une pour porter un jugement sur une autre. Pour les relativistes, il n'y a pas de valeurs universelles et ceux qui en invoquent de telles commettent un abus : ils déclarent universelles celles qui leur sont propres pour les imposer aux autres et prendre barre sur eux. Depuis trente ans, le régime chinois se sert de cet argument pour récuser tout jugement porté sur lui au nom des droits de l'homme, des principes démocratiques et d'autres éléments de la tradition politique européenne. La tradition chinoise, tel est le contre-argument, promeut d'autres valeurs que nul n'a le droit de critiquer au nom des siennes. Telle est la signification du mot d'ordre qui règne en Chine aujourd'hui : "promouvoir la culture chinoise traditionnelle". L'argument relativiste et aussi un argument culturaliste.

À l'intérieur, le régime a développé cette propagande culturaliste à partir de 1989 pour empêcher tout nouveau mouvement démocratique. Il lui fallait persuader ses sujets que les droits de l'homme et les principes démocratiques ne les regardaient pas *parce qu'ils étaient Chinois*, héritiers d'une tradition différente. Les autorités ont promu tout ce qui pouvait les en convaincre. L'idée que la Chine forme un monde en soi s'est répandue dans l'opinion, dans les milieux intellectuels et dans la sphère du pouvoir, où elle se marie avec un nationalisme qui prend çà et là des formes virulentes. Yang Shangkun, qui était le président de la république en 1989, a tenu quelques mois après Tiananmen à Claude Martin, nouvellement nommé ambassadeur de France en Chine, des propos qui sont, à ma connaissance, l'expression la plus forte et la plus nue de ce nationalisme-là.[1] Par la

---

1. Un extrait de son discours, que Claude Martin a rapporté dans ses mémoires, est reproduit à la p. 131.

suite, aucun dirigeant ne l'a exprimé de façon aussi directe, mais tous le partagent. Cette propagande étend subrepticement ses effets en dehors de la Chine. Elle s'installe dans les esprits parce qu'elle paraît justifiée ou que l'on ne voit pas bien ce qu'on peut lui opposer. N'est-il pas évident que la Chine et l'Europe forment des mondes distincts ? Ne sont-ils pas si différents que l'un doit s'abstenir de juger l'autre et de lui donner des leçons ? Ce discours désarme la critique du régime chinois et décourage l'observation lucide de l'influence grandissante qu'il exerce dans notre partie du monde. Mais que lui opposer ? N'y a-t-il pas tout de même un point ferme à partir duquel on puisse prononcer des jugements impartiaux sur telle culture, tel ordre social, tel régime politique ? C'est une question que je me suis souvent posée, depuis longtemps. Un sinologue ne peut pas ne pas se la poser, face à la Chine du passé et plus encore face à celle du présent. Voici ce que j'ai trouvé de plus sûr.

J'y suis arrivé par l'histoire, plus précisément par l'histoire comparée. Elle a mis fin à la fausse symétrie du relativisme et m'a inspiré deux thèses que je vais ajouter à celles que j'ai déjà proposées. J'ai soutenu que la Chine n'a pas connu de temps modernes dans le domaine de la pensée, en d'autres termes qu'elle n'a pas

connu le 3ᵉ âge. Aux XVIᵉ et XVIIᵉ siècles, dans
le mouvement des idées de la fin des Ming,
des signes semblaient l'annoncer, et peut-être
serait-il advenu si les Mandchous n'avaient pas
imposé leur pouvoir. J'en doute toutefois, car
les deux ferments dont parle Ansermet man-
quaient. Ce dont je suis certain, c'est d'abord
qu'il n'y a jamais eu, ni à cette époque, ni
à aucun autre moment du passé chinois, *l'idée*
du sujet autonome ; ensuite qu'il n'y a pas eu
non plus, ni à cette époque, ni à aucun autre
moment, *l'idée* de liberté. J'insiste sur *l'idée*.
L'absence de l'idée n'implique pas l'absence
de la chose, mais la chose connaît un sort très
différent selon que l'idée existe ou non.

   Le moyen de justifier ma première thèse est
de montrer quelle conception du sujet a prévalu en Chine. Car il en est une qui est apparue
à un certain moment, au IIIᵉ siècle de notre
ère, et s'est imposée au point de devenir l'un
des principaux axiomes de la pensée chinoise
et de le rester jusqu'à ce jour. La voici : pour
agir efficacement et justement, le sujet doit
s'effacer et laisser agir à travers lui les forces
qui animent la réalité dans son ensemble.
Il doit se faire impersonnel pour que se mani-
festent à travers lui des forces impersonnelles.
Lorsqu'il reste attaché à son moi, il fausse
leur action. Quand ses actes sont efficaces

et justes, ils émanent d'un grand Tout insaisissable désigné par un terme négatif, *wu* 無. On le rend habituellement par "non-être" ou "néant", mais ces traductions induisent en erreur, car *wu* est d'abord un verbe signifiant "il n'y a pas", antonyme du verbe *you* 有, "il y a"[1]. Dans la conception philosophique qui naît au IIIe siècle, ces verbes sont substantivés : *you* désigne "ce qu'il y a", c'est-à-dire la réalité sensible que l'homme perçoit, tandis que *wu* renvoie à "ce qu'il n'y a pas", une réalité plus vaste que ses sens ne perçoivent pas. L'opposition de ces termes a donné lieu à des débats animés, diverses positions ont été défendues. La conception qui a finalement prévalu est que le grand Tout diffus, qui est de l'ordre du *wu*, engendre les "dix mille êtres" *wanwu* 万物[2], qui sont de l'ordre du *you*. Dans un univers ainsi conçu, l'affaire du sujet est de remonter, à reculons pour ainsi dire, à la réalité première du *wu* pour avoir part à sa puissance génératrice.

Cette conception est née à la suite de l'effondrement de la dynastie des Han en 220. Durant la période des Trois Royaumes qui a suivi (220-265), trois États se sont partagé la Chine et fait

1. *Ou, yeau.*
2. *Ouanne-ou.*

la guerre entre eux. L'ordre impérial avait disparu, la grande synthèse avait perdu son assise. La personne et sa place dans l'ordre du monde devaient être repensées. À Luoyang, la capitale de l'État de Wei, s'est formée une coterie d'aristocrates qui est entrée dans l'histoire sous le nom des "Sept du bosquet de bambous". Ces libres-penseurs regardaient le ritualisme confucianiste de la période précédente comme une contrainte artificielle. La nouvelle conception du sujet est née de leurs débats. Ils ont remplacé la synthèse des Han par une synthèse plus abstraite, proprement philosophique, qui est devenue un fondement permanent de la pensée chinoise. Dans ses commentaires du *Laozi*, du *Livre des mutations* et des *Entretiens* de Confucius, Wang Bi (226-249, mort décapité à 23 ans) a défini un jeu restreint de notions qui est devenu l'instrument de toute la philosophie chinoise ultérieure. Citons aussi Guo Xiang[1] (mort en 312, sous la dynastie subséquente des Jin) qui, par son commentaire du *Zhuangzi*, a intégré cet ouvrage ancien à la nouvelle philosophie et déterminé la lecture qui en a été faite en Chine jusqu'à ce jour.[2] Ce mouvement philosophique est connu sous le nom de

1. *Kouo Siang.*
2. Sur ce point, voir *Leçons sur Tchouang-tseu*, p. 127-129.

*xuanxue* 玄学 [1], improprement traduit par "école des mystères". Il vaudrait mieux parler de "doctrines (*xue*) des choses cachées (*xuan*)" ou, plus simplement, de "doctrines métaphysiques". Elles ont préparé l'assimilation de la philosophie bouddhique durant les siècles suivants, laquelle a confirmé en retour la nouvelle conception du sujet. L'idée que le moi est une illusion dont il faut se défaire pour accéder à l'éveil est venue enrichir ce qui constituait désormais la tradition philosophique chinoise. La philosophie confucianiste qui s'est développée à partir des Song en a été un nouveau développement. Sous les Ming, Wang Yangming (1472-1529) a renouvelé ce confucianisme en lui donnant le tour d'une recherche beaucoup plus personnelle, tournée vers l'engagement et l'action. Son influence a été profonde jusqu'à la fin de la dynastie en 1644. On considère parfois qu'il aurait pu devenir un Luther mais, malgré ce que semblait promettre son enseignement, il n'a pas produit de rupture. Il est finalement resté tributaire de la conception traditionnelle du sujet.

Voilà résumée en quelques mots une histoire qui s'est déroulée sur des siècles et qui,

1. *Suenne-sué.*

vue de plus près, remplirait de gros volumes
lestés de centaines ou de milliers de références
savantes. Je m'en tiens à ma thèse et retiens
de cette histoire que la Chine traditionnelle
n'a pas connu l'idée du sujet autonome qui
s'est affirmée progressivement en Europe
à l'époque moderne. Il y a eu des esprits auto-
nomes en réalité, mais ils ont été considérés
comme des êtres différents du commun des
mortels et révérés comme des Sages. Dans le
mouvement déclenché par Wang Yangming est
apparue l'idée que n'importe qui – l'homme
de la rue – pouvait devenir un Sage ou un
Saint (*sheng* 聖)[1], mais la Réforme qui aurait
pu sortir de là n'a pas eu lieu. La conception
traditionnelle du sujet est restée centrale
jusqu'à ce jour dans la philosophie chinoise et
plus largement dans l'idée que les Chinois se
font de l'être humain.

Pour justifier ma deuxième thèse, je ne
puis procéder comme pour la première. Je ne
peux pas montrer qu'à notre idée de liberté
correspond dans la tradition chinoise une
idée comparable. Je n'ai d'autre choix que

---

1. *Cheng*. On traduit habituellement ce terme par "saint"
ou "sage", mais ces mots rendent mal le sens du terme
chinois, qui désigne en premier lieu un homme doué de
capacités hors du commun.

de rappeler les circonstances dans lesquelles cette idée est née dans notre histoire, circonstances qui ne se sont produites ni en Chine, ni ailleurs.

Elle est née en Grèce. Pour les Grecs, être libre a d'abord signifié ne pas être esclave. Le guerrier vaincu était réduit en esclavage, avec femme et enfants. C'était aussi le sort des cités vaincues. Au cours des guerres médiques, durant la première moitié du $v^e$ siècle, ils ont découvert que, contrairement aux Perses qui avaient un maître, puisqu'ils subissaient le joug d'une monarchie absolue, eux-mêmes étaient libres parce qu'ils n'obéissaient qu'aux lois de leurs cités, devant lesquelles ils étaient égaux. L'expérience leur a ensuite appris que cette liberté pouvait leur être ravie par des tyrans ou des oligarchies nées en leur sein. La guerre du Péloponnèse (431-404) est une nouvelle étape. Contre une Sparte oligarchique, les Athéniens défendent une démocratie dans laquelle les citoyens participent à la définition des lois. Ils chargent certains d'entre eux de diriger la cité et peuvent les révoquer. Ils découvrent que cela permet un épanouissement de la personne et une liberté dans l'expression de la pensée sans exemple ailleurs. Ils ne parlent pas *des* libertés, comme nous le faisons, mais, au singulier, de *la* liberté : elle est leur bien le plus précieux. Mais Athènes devient puissante, se soumet d'autres cités et crée un empire, ce qui met les Athéniens en contradiction avec le principe de la liberté. Leur réflexion s'élargit. Ils découvrent que les lois de la cité ne sont pas tout et qu'il en est d'autres, non écrites, morales et religieuses, qui sont le bien de tous les Grecs. Elles ne créent pas des droits, mais des devoirs. Leur réflexion est aussi alimentée par les malheurs de leur démocratie, dus aux conflits civils. Elle est aussi alimentée par la difficulté qu'ont les cités grecques à s'unir face à leurs ennemis communs, chacune défendant jalousement ses prérogatives. Cette histoire préfigure celle de l'Europe d'aujourd'hui. Les Grecs doivent relever d'autres défis. La liberté politique est menacée quand la liberté devient licence, que les passions se déchaînent et que les démagogues s'en emparent. La liberté politique exige donc une autorité qui la protège et la défend. Elle exige aussi des citoyens une maîtrise de soi fondée sur la réflexion. C'est à ce moment de l'histoire que naît la grande philosophie, celle de Platon (env. 428-348), d'Aristote (env. 384-322) et d'autres. Ils s'interrogent sur le meilleur des régimes, sur les divers régimes possibles, sur leurs avantages et leurs inconvénients et sur la

formation du citoyen, c'est-à-dire sur l'éducation. À la même époque, les tragiques livrent
leur méditation sur les limites de l'action
humaine. Les Grecs sont loin d'avoir été
exemplaires dans leur conduite (ils n'ont pas
un instant songé à abolir l'esclavage), mais ils
nous ont légué un trésor dans le domaine des
idées politiques et de la philosophie.

L'histoire a continué. Lorsque la démocratie
a disparu, ils se sont demandé si l'individu
pouvait rester libre, intérieurement, lorsqu'il
était privé de la liberté politique. De nouvelles écoles philosophiques ont diversement
répondu à cette question. Les Romains ont
hérité de la pensée grecque et l'ont intégrée
à l'ordre stable qu'ils ont su créer, selon leur
génie propre, celui de la république. Ce fut
la liberté civique garantie par le droit. Je ne
puis m'empêcher de penser que cette page-là
de l'histoire préfigure l'avenir de l'Europe :
un nouveau chapitre dans l'histoire de la
liberté, assurée par le droit dans le cadre d'une
République européenne.[1]

---

[1]. Dans cet aperçu historique, j'ai suivi le lumineux essai
de Jacqueline de Romilly, *La Grèce antique à la découverte
de la liberté* (De Fallois, 1989), repris dans *Émerveillements.
Réflexions sur la Grèce antique* (Laffont, 2019, coll.
Bouquins).

La Chine n'a pas connu pareille histoire. Elle n'a par conséquent pas conçu *l'idée* de liberté et n'a pas eu, avant le XXᵉ siècle, de mot pour l'exprimer. *Ziyou* 自由 [1], par quoi l'on traduit aujourd'hui le mot "liberté", est un néologisme formé au Japon au XIXᵉ siècle et adopté en Chine au XXᵉ siècle. Il signifie littéralement "procéder de soi", "obéir à son propre mouvement", et n'a pas en lui-même de connotation politique.[2] Le besoin de liberté, c'est-à-dire d'indépendance et d'autonomie, n'a pas été plus faible en Chine qu'ailleurs, mais il s'est exprimé négativement. Nombreuses ont été les figures de cette liberté négative. Il y a eu celle de l'ermite, du "sage caché" (*yinshi*)[3] qui s'exclut de la société afin de se livrer à une ascèse solitaire – ce qui pouvait être le moyen d'acquérir une autorité morale ou religieuse. Il y a eu l'acte de sécession plus radical de la conversion au bouddhisme et de l'entrée dans un ordre. Le célibat monacal a longtemps paru scandaleux dans une société dont la matrice

1. *Tseu-yeau.*
2. Le fait est facile à vérifier. Il suffit de consulter les grands dictionnaires de la langue chinoise pour constater qu'il ne fait pas partie de la langue classique. Par sa forme, il appartient à une famille de mots qui dénotent l'aise, l'aisance, la liberté d'allure, le nonchaloir, le contentement.
3. *Yin-cheu.*

était l'organisation familiale. Dans un autre registre, il y a eu la retraite des fonctionnaires, impatiemment attendue parce qu'elle les libérait des tracas épuisants de l'administration et leur faisait oublier les frustrations accumulées au cours de leur carrière. Comme ils avaient acheté des terres, quand ils n'en possédaient pas déjà, ils ont souvent célébré ce moment comme un retour à la nature. Une poésie bucolique abondante en témoigne. On doit à Tao Yuanming (365-427), l'un des plus grands poètes à s'être illustrés dans ce genre, un bref récit en prose qui est l'un des textes les plus célèbres de la littérature chinoise et qui a pris la valeur d'un mythe. Il raconte la découverte, faite par hasard, d'une communauté vivant heureuse parce que oubliée de tous, sortie de l'histoire, sans État.[1] La liberté négative a pris d'autres formes : l'exil intérieur, la double pensée, voire la simulation de la folie ou de l'imbécillité. C'étaient autant de moyens de se protéger. Là-dessus aussi, on pourrait composer un gros ouvrage lesté de références innombrables. Une figure y occuperait une place de choix : celle du *xia* 侠[2], le hors-la-loi

1. Le lecteur trouvera une traduction de ce texte célèbre à la p. 127.
2. *Sia.*

redresseur de torts, qui a fait partie du monde
chinois à toutes les époques. Deux autres
traditions doivent être mentionnées : l'art de
"nourrir en soi la vie", *yang sheng* 养生 [1], qui
a pour but de garantir la santé et conduit, au-
delà, à l'autosuffisance et à la longévité. Cette
quête, qui a été le plus souvent associée au
taoïsme, a occupé beaucoup de souverains,
qui ont cru parvenir par elle à la plénitude
absolue de leur pouvoir solitaire. On voit là par
où se touchent ces pratiques et la conception
chinoise du pouvoir. Une autre tradition, très
différente, voire opposée, se rattache au confucianisme ou, plus exactement, à la morale
personnelle de Confucius, celle que l'on peut
déduire de ses propos et des anecdotes que
rapportent les *Entretiens*. Elle a inspiré, à partir
des Tang et des Song surtout, la force de
caractère qui a permis à maint fonctionnaire
de supporter les revers de fortune causés par
le despotisme impérial. Leur destin révèle un
dilemme auquel ont toujours été confrontés
ces intellectuels avant la lettre, entre leur
vocation de serviteurs du pouvoir d'une part
et leur complète absence de droits de l'autre,
hormis celui de se retirer. Ce confucianisme

---

1. *Yang-cheng.*

de la rectitude individuelle, doublée de stoï-
cisme dans l'épreuve, doit être soigneusement
distingué du confucianisme d'État sous toutes
ses formes. Il est à l'opposé de la tradition
"taoïste" précédente, mais fait partie comme
elle des multiples formes d'adaptation à une
société qui n'a pas connu la liberté politique.

Que conclure ? D'abord que le cas de la
liberté et celui du sujet autonome sont différents. Du sujet autonome, il n'y a pas eu l'idée,
mais la chose, quoique non reconnue pour telle.
De la liberté, il n'y a eu ni l'idée, ni la chose,
sinon sous ses multiples formes négatives.
Ensuite que ces deux idées, nées en Europe
des hasards de l'histoire, ont rendu possible,
avec le temps, une exploration des ressources
du sujet humain qui ne s'est pas faite ailleurs
dans la même mesure et que c'est la vocation
des Européens de la mener à son terme.

## POURQUOI L'EUROPE

CETTE EXPLORATION conduit à la connaissance du sujet et de son besoin-désir essentiel.
C'est sur cette connaissance que nous devons
nous régler si nous voulons sortir gagnants
de deux batailles d'idées dans lesquelles nous
sommes engagés.

La première est celle du relativisme.
Développons une vision critique de l'histoire
de Chine. Admirons ce qui mérite de l'être et
disons ce que nous récusons. Dénonçons un
régime totalitaire né de la fusion d'un pouvoir
économique, d'un pouvoir d'État et d'une
tradition politique autoritaire, qui entreprend
de contrôler entièrement les rapports sociaux
et la vie de ses sujets dans le but de créer une
société "harmonieuse". S'il y parvient, il réa-
lisera le rêve des légistes de l'Antiquité, qui
recommandaient aux hommes de pouvoir une
application rigoureuse des récompenses et
des peines afin que l'obéissance devienne la
seconde nature de leurs sujets et que la société
finisse par fonctionner d'elle-même aussi
régulièrement et naturellement que l'univers
lui-même. Comme sous l'Empire, le confucianisme parachèverait l'ouvrage en faisant du
respect de l'autorité la première vertu.

Notre lucidité pourrait un jour avoir un
effet en Chine. Les autorités y développent
les "études nationales" (*guoxue*)[1], qu'elles
conçoivent comme un pendant de la sino-
logie occidentale. Elles les promeuvent dans
les académies, les universités et toutes sortes

1. *Kouo-sué.*

d'institutions populaires. Cette discipline nouvelle a pour mission d'imprimer dans les esprits la version du passé qui sert le régime. Ces "études nationales" sont aux antipodes de la réévaluation du passé à laquelle se sont livrées des générations d'intellectuels au XXᵉ siècle. Le grand chantier qu'ils ont ouvert est à l'arrêt. Il importe qu'il subsiste en Europe et ailleurs. Ce sera un encouragement et un soutien pour ceux qui le reprendront en Chine un jour. Je me range au côté des Chinois, inaudibles aujourd'hui, qui pensent que la Chine n'avancera pas si elle ne procède pas à un bilan critique de son passé. Elle prendra ce jour-là le chemin d'une vraie grandeur, non de celle que lui préparent ses dirigeants actuels.

Mais nous devons gagner une autre bataille. L'ordre que crée le régime chinois n'est pas un phénomène isolé. Il est apparenté à celui que le grand capital est en train d'imposer dans notre partie du monde. Il se donne lui aussi le moyen de conditionner et de contrôler les citoyens afin de les soumettre à la logique qui est la sienne. Une tendance lourde est à l'œuvre, la même de part et d'autre. Elle mène à l'échec du 3ᵉ âge et à un 4ᵉ âge où l'autonomie du sujet et la liberté auront disparu. Ansermet n'a pas envisagé pareille régression, mais elle est amorcée aujourd'hui. Nous sommes les témoins de son avancée sournoise et continue. Sous le régime actuel, la société chinoise lui est livrée presque sans défense. L'Europe est mieux armée pour lui résister et, si possible, la briser. C'est à elle de le faire. C'est elle qui porte en elle le 3ᵉ âge. Je n'oublierai jamais ce cri du cœur d'un intellectuel chinois de mes amis : "Si l'Europe échoue, nous sommes perdus!"

Mais comment agir? Comment réaliser le double projet? En commençant par le concevoir. Ce peut être au début la pensée d'un nombre réduit d'hommes et de femmes. Ils feront en sorte que cette pensée soit comprise par d'autres, puis viendront des actions ponctuelles. Ce seront de petites avancées, mais faites dans une certaine direction. De petites avancées ou de plus grandes. On distinguera, comme Sartre à la fin de sa vie, la fin absolue et les fins provisoires. De la fin absolue dépendra le sens de chaque action partielle. André Gorz disait à ce propos : "À ceux qui rejettent cela comme une utopie, je dis que l'utopie (…) a pour fonction de nous donner, par rapport à l'état des choses existant, le recul qui nous permet de juger ce que nous faisons, à la lumière de ce que nous pourrions, ou devrions faire." Et il ajoutait, en une autre occasion : "Je ne dis pas que ces

transformations se réaliseront. Je dis seulement que pour la première fois nous pouvons
vouloir qu'elles se réalisent."[1]

Faisons un pas de plus. Dans la seconde
partie de *De l'Allemagne*, Madame de Staël
présente la philosophie allemande et ses principaux représentants. Après avoir comparé
cette philosophie avec celles de la France et
de l'Angleterre, elle écrit: "Le système philosophique adopté dans un pays exerce une
grande influence sur la tendance des esprits:
c'est le moule universel dans lequel se jettent
toutes les pensées; ceux-mêmes qui n'ont
point étudié ce système se conforment sans le
savoir à la disposition générale qu'il inspire."[2]
Imaginons un nouveau "moule" – une philosophie centrée sur la connaissance du sujet
et de son besoin-désir essentiel. Ce sera une
philosophie de l'entendement, connaissance
directe que le sujet a de sa propre activité,
que l'on distinguera de la connaissance scientifique, qui est une connaissance indirecte

1. André Gorz, *Penser l'avenir. Entretien avec François
Noudelmann* (La Découverte, 2019), p. 18, 68, 93. Cet
entretien, qui date de 2005, deux ans avant la mort d'André
Gorz, est la meilleure introduction que je connaisse à son
œuvre et sa pensée. L'utopie dont il parle est celle de la
fin du capitalisme.
2. *De l'Allemagne* (GF Flammarion, 1968), vol. 2, p. 111.

des choses. Ce sera mettre chacune à sa juste place.[1] En établissant que le besoin-désir essentiel de l'être humain est de réaliser son autonomie, que telle est la *fin* de son existence et que telle doit donc être la *fin* des sociétés, on justifiera l'abolition du capitalisme *parce qu'il impose à l'homme une fin qui n'est pas la sienne*. Cette nouvelle philosophie n'aura rien de difficile, car chacun en porte le principe en lui.

Voilà les quelques réflexions que je voulais soumettre aux lecteurs. Elles soulèvent des questions si vastes, je m'en rends bien compte, qu'il faudrait un concile pour en débattre et que ce concile finirait sans doute dans la confusion. Je me suis borné à présenter une certaine vue des choses et j'estimerais avoir fait œuvre utile si elle pouvait nourrir la réflexion d'autrui – de sinologues et de non-sinologues, d'Européens et de Chinois.

Novembre 2019

---

1. Sur le rapport des deux genres de connaissance, voir la note de la page 137.

PROLONGEMENTS

# CHRONOLOGIE

| | | |
|---|---|---|
| Royauté archaïque | Shang | env. -1050 |
| Nouvelle royauté | Zhou | env. 1050 - |
| Principautés rivales | (Chunqiu) | env. 750 - |
| États en guerre | (Zhanguo) | env. 450 - |
| 1re unification impériale | Qin | 221-206 |
| 1re dynastie durable | Han | -206/+220 |
| Trois Royaumes | (Sanguo) | 220-265 |
| Réunification temporaire | Jin | 265-316 |
| Moyen Âge, période de division | | |
| Réunification | Sui | 589-618 |
| 2e dynastie durable | Tang | 618-907 |
| Brève période de division | (Wudai) | 908-960 |
| Empire réunifié | Song du Nord | 960-1127 |
| Réduit à sa moitié sud | Song du Sud | 1127-1279 |
| Dynastie mongole | Yuan | 1279-1368 |
| 3e dynastie durable | Ming | 1368-1644 |
| Dynastie mandchoue, 4e dyn. durable | | |
| | Qing | 1644-1911 |
| Période de division | République de Chine | 1912- |
| Réunification | République pop. de Chine | 1949- |

*Le* weiqi, *"jeu des encerclements" (ad. p. 62)* :

Pour comprendre comment agit le pouvoir chinois, il est utile de pratiquer un peu le jeu que les Japonais appellent le *go* et que les Chinois, qui l'ont inventé, appellent le *weiqi*, le "jeu des encerclements". C'est un jeu savant, comparable à nos échecs, que les Chinois, les militaires surtout, pratiquent depuis plus de deux millénaires. Le principe en est simple. Sur un grand plateau quadrillé, les joueurs placent alternativement un pion blanc (pour l'un) et un pion noir (pour l'autre). Ils les placent sur les intersections de deux lignes. Le but est d'occuper le plus de terrain possible et de ravir à l'adversaire le terrain qu'il tente de s'approprier. La règle est la suivante : je perds un pion ou une série de pions contigus quand mon adversaire parvient à les encercler de telle manière qu'à l'intérieur ne reste plus de vide, ou d'air, et que je meure étouffé. Je perds le territoire que j'occupais et les pions que j'y avais placés. Ils sont enlevés de l'échiquier. La parade consiste en ceci : constituer à temps des territoires imprenables, où l'adversaire ne peut plus introduire de pion sans que ce pion ne se fasse immédiatement encercler, étouffer et éliminer. Voici la subtilité : chaque joueur tente de cacher son jeu, c'est-à-dire de placer ses pions sans que son adversaire ne devine quelle partie du territoire il a l'intention d'occuper. Pour cela, il s'attaque à plusieurs parties de l'échiquier à la fois, sans dessein déchiffrable à première vue. Il s'efforce en même temps de deviner les intentions de son adversaire et d'intervenir dès qu'il est en passe de se constituer une place imprenable : c'est ce qu'il doit empêcher. Comme l'échiquier est grand (il est de 19 x 19 lignes), les parties sont longues et reposent sur l'art avec lequel chacun cache ses intentions et devine celles de l'autre. La partie s'arrête quand l'échiquier est rempli. Ce n'est pas un jeu à somme nulle. Il n'y a pas de gagnant et de perdant absolus comme aux échecs mais, à la fin, un rapport de forces : tant de territoire à l'un, tant de territoire à l'autre.

La source des pêchers en fleurs, *de Tao Yuanming (ad. p. 113)*

"À l'ère Taiyuan des Jin [1], un habitant de Wuling qui vivait de la pêche suivit un jour le cours d'une rivière et, s'étant oublié, se trouva au milieu de pêchers en fleurs. Il y en avait sur les deux rives, leur parfum remplissait l'air, des pétales s'en allaient au fil de l'eau. Intrigué, il poussa plus loin, car il voulait voir jusqu'où s'étendait cette forêt merveilleuse. Là où elle prenait fin, il découvrit une source, puis une montagne, puis dans la montagne une crevasse au fond de laquelle il crut voir un rai de lumière. Il laissa sa barque, s'engagea dans un couloir étroit dans lequel un homme pouvait à peine passer puis, après quelques dizaines de pas, se trouva soudain en plein jour. Devant lui s'étendait une plaine où étaient des maisons bien alignées, des champs soigneusement entretenus, des étangs, des plantations de bambous et de mûriers, des chemins partout. Les chiens et les poules s'entendaient d'un endroit à l'autre. Hommes et femmes étaient vêtus comme dans le monde extérieur. Des plus jeunes aux plus vieux, tous semblaient heureux. Grande fut leur surprise quand ils aperçurent le pêcheur. Ils voulurent savoir d'où il venait. Quand il eut répondu à leurs questions, ils l'invitèrent chez eux, lui servirent du vin et tuèrent un poulet pour le régaler. Les autres habitants du lieu accoururent pour interroger à leur tour le nouveau-venu. Ils lui racontèrent

1. La dynastie des Jin (*Tsinne*), 265-316.

que leurs ancêtres étaient venus avec femmes, enfants et
les gens de leur contrée dans cet endroit retiré pour fuir
les désordres du temps de Qin. Ils ne l'avaient plus quitté
et vivaient depuis lors coupés du monde. Ils lui deman-
dèrent quelle était la dynastie régnante. Ils ignoraient
tout de celles de Han, des Wei et des Jin et soupiraient
en écoutant son récit. Sur quoi ils l'invitèrent chez eux les
uns après les autres, lui servant du vin et des mets. Quand
il prit congé, après quelques jours, on le pria de ne rien
dire à personne de ce qu'il avait vu. Il s'en alla, retrouva
sa barque et, sur le chemin du retour, prit soin de laisser
des marques. Arrivé en ville, il se rendit chez le préfet et
lui conta son aventure. Le préfet envoya immédiatement
des gens refaire le parcours, en suivant les marques, mais
ils se perdirent et revinrent bredouilles. Quand Liu Ziji, de
Nanyang, un esprit supérieur, en entendit parler, il voulut
tenter à son tour de retrouver ce monde à part, mais ne
réalisa pas son projet, car il mourut de maladie peu après.
Par la suite, plus personne ne s'en soucia."

Les deux derniers mots, *wen jin*, littéralement
"s'enquérir du gué", sont une allusion à un dialogue
fameux des *Entretiens* de Confucius (18/6). Le voici :
"Changju et Jieni[1] labouraient de pair. Confucius, qui
passait par là, envoya (son disciple) Zilu leur demander
où était le gué. Qui est ce personnage dont tu conduis le

---

1. *Tch'ang-tsu, Tsié-ni.*

char? lui demanda Changju. – Kong Qiu, répondit Zilu (il nomme Confucius par son patronyme et son prénom).[1] – Celui du pays de Lu? – Celui-là même, répondit Zilu. – Alors il doit savoir où est le gué! fit Changju. Zilu s'adressa donc à Jieni: Et toi, qui es-tu? lui demanda ce dernier. – Zhongyou[2], répondit Zilu (il se nomme par son prénom, par politesse). – Donc un disciple de ce Kong Qiu, du pays de Lu? – Oui. – Jieni lui dit alors: Le même flot emporte tout dans ce monde, vous n'allez rien y changer! Au lieu de suivre ce maître qui réprouve ceci et cela, tu ferais mieux d'en suivre un qui fuie le monde présent! Et il reprit son labour. Zilu rejoignit le maître et lui rapporta les propos des deux laboureurs, sur quoi Confucius dit, d'un air peiné: On ne peut tout de même pas vivre avec les oiseaux et les bêtes. Qui veux-tu que je fréquente, sinon les gens tels qu'ils sont? Si les choses allaient bien dans ce monde, je ne songerais pas à changer quoi que ce soit!"

Ce dialogue imaginaire pourrait aussi bien figurer dans le *Zhuangzi*.

1. *K'ong-ts'ieau, Tseu-lou.*
2. *Djong-yeau.*

*Le discours de Yang Shangkun (ad. p.102):*

Claude Martin, nommé ambassadeur de France en Chine, présente le 18 décembre 1989 ses lettres de créance au président de la République, Yang Shangkun (1907-1998). Cela se passe quelques mois après le massacre de Tiananmen. Voici ce qu'il rapporte dans ses mémoires[1] :

"Le chef d'État auquel j'allais remettre mes 'pouvoirs', Yang Shangkun, était un personnage redoutable. Président de la République depuis 1988, il était surtout le chef d'un puissant clan militaire, qui n'avait cessé de soutenir Deng Xiaoping, mais l'avait en même temps poussé, chaque fois que le pays avait connu des troubles, à la répression. Au mois de mai 1989, c'est lui qui avait repris en main l'armée, après les flottements de la garnison de Pékin. Le 3 juin au soir, c'était lui qui avait donné l'ordre aux chars de la 27e armée, commandée par son neveu Yang Jianhua, de marcher sur Tiananmen. Depuis la nuit fatale, il apparaissait, aux yeux de tous, comme le principal auteur du massacre des étudiants.

Il ne s'était pas arrêté là. Dans les jours qui avaient suivi, il avait, avec le concours de son frère Yang Baibing, chef de l'armée de terre, nettoyé le haut commandement, écarté les hommes qui avaient eu des états d'âme aux moments difficiles."

1. Claude Martin, *La diplomatie n'est pas un dîner de gala. Mémoires d'un ambassadeur. Paris – Pékin – Berlin* (L'Aube, 2018), p.603-607.

Plus loin, quand l'entretien commence, Claude Martin rapporte les propos du chef de l'État :

"Je sais, me dit-il, que tu parles chinois, assez pour que nous puissions nous passer d'interprète, et c'est mieux ainsi, nous aurons plus de temps. Car nous avons beaucoup de choses à nous dire. En tout cas, de notre côté, si tu veux bien que je commence, j'ai un certain nombre de messages importants à te transmettre, à toi personnellement, et, à travers toi, à ton président et ton gouvernement. (…) Tu es un ami de la Chine, je peux être franc avec toi. Les relations entre nos deux pays, jadis excellentes, traversent aujourd'hui une période de difficultés. Ces difficultés proviennent du fait que les Français, comme les autres Occidentaux, ne nous connaissent pas bien. Ils s'imaginent que nous sommes prêts à obéir aux mêmes règles, aux mêmes principes, aux mêmes valeurs. Mais la Chine n'est pas l'Occident. Nous avons notre propre civilisation, nos propres traditions. Nous respectons votre culture, respectez la nôtre".

"Vous, les Occidentaux, croyez aux valeurs chrétiennes, à l'individualisme, aux droits de l'homme, à toutes sortes de choses qui sont inspirées de votre philosophie et de votre religion. Cette religion, cette philosophie ne sont pas les nôtres. Pour nous, tu le sais bien, toi qui as étudié la civilisation chinoise, ce sont les enseignements de Confucius qui fondent l'organisation de la société. Celle-ci serait chaotique si l'on obéissait aux caprices des individus. La société doit être organisée selon des règles qui en garantissent l'ordre et l'harmonie. Un soleil dans le ciel, un seul empereur sur la terre, l'autorité ne se divise pas. Les sujets obéissent au souverain, la femme à son mari, le cadet à son aîné, l'élève au maître. C'est ainsi que la Chine a été grande et forte depuis plus de deux mille ans. (...) La Chine s'est engagée dans de grandes réformes, mais sur les principes qui régissent l'ordre de la société, elle ne changera pas. Fais bien comprendre cela à la France. Ne cherchez pas à nous changer. Si vous nous respectez, nous pourrons avoir des rapports d'amitié."

"L'enseignement de Confucius" que Yang Shangkun oppose aux valeurs chrétiennes, aux droits de l'homme et à notre individualisme n'est pas celui de Confucius, mais l'idéologie qui a pris forme sous les Han, celle qui a généralisé le principe hiérarchique et le respect absolu de l'autorité. Ce confucianisme-là a fait pendant plus de deux mille ans la grandeur et la force de la Chine, dit-il, c'est-à-dire de l'empire chinois. C'est lui qui a constitué le fondement de son organisation sociale et qui doit rester le fondement de la société chinoise à l'avenir.

Les dirigeants actuels ne tiennent plus ce langage, mais ils ne le récuseraient pas sur le fond car le régime reproduit aujourd'hui, sous des formes altérées, ce qui a été le propre de la tradition politique chinoise depuis la fondation de l'Empire : au sommet un pouvoir indivisible, d'initiative stratégique, qui se sert également du civil et du militaire, qui ne reconnaît aucun contre-pouvoir et n'a, *dans son principe*, pas de limite. Les relations sociales d'aujourd'hui ne sont plus hiérarchisées comme elles l'étaient sous l'Ancien Régime, mais le Parti a reconstitué la division de la société en une sphère dominante et une sphère dominée. Par la propagande et le contrôle de la pensée, il enferme les esprits dans un monde clos et autochtone. Les atavismes que les forces progressistes ont ardemment combattus de 1919 à 1989 sont de retour.

*Sur le rapport de ces idées avec la pensée de Spinoza (ad. p. 99) :*

Mes propositions rejoignent la pensée de Spinoza et en diffèrent sur quelques points. Comme Spinoza, elles placent l'homme et la conscience qu'il acquiert de sa propre activité au cœur de la nature. Les lois que nous observons dans l'activité dont nous sommes faits sont des lois de la nature. Les phénomènes d'intégration par lesquels le sujet se forme, se développe et réalise son autonomie sont des phénomènes naturels. Une différence est que je substitue au *conatus* de Spinoza, le "désir de persévérer dans notre être", qu'il considère comme la première loi de notre existence, le "besoin-désir essentiel". Ma conception est exprimée de façon brève et complète dans le § 31 des *Esquisses*.[1] Je pense par ailleurs que l'autonomie du sujet, qui est pour Ansermet l'accomplissement humain ultime, et la béatitude, qui est l'accomplissement ultime aux yeux de Spinoza, sont une seule et même chose.

Citation du *Traité théologico-politique* (ch. 17, début de la 3ᵉ partie) (ad. p. 10) :

"La nature ne crée pas de peuples, elle ne crée que des individus, lesquels se distinguent ensuite par la diversité des langues, des lois et des mœurs, et par elles seulement. Et c'est par ces deux choses seulement : les lois et les mœurs, que chaque peuple acquiert des qualités

1. Édition remaniée, Allia, 2018, p. 72-73.

particulières, une manière d'être spécifique et des idées qui lui sont propres."

*Sur les deux genres de connaissance (ad. p.120) :*

Ansermet ne s'est pas arrêté sur le rapport des deux
genres de connaissance que sont la connaissance scientifique et la connaissance de soi du sujet qu'il appelle
l'entendement. Peut-être n'y a-t-il pas songé parce qu'il
était également à l'aise dans ces deux genres, dans le premier par sa formation de mathématicien, dans le second
par sa connaissance intime de la musique. Il aurait pu
relever que les deux sont des produits du 3ᵉ âge, bien que
le second ait des origines plus anciennes. Il aurait observé
qu'à l'époque moderne la connaissance scientifique a de
plus en plus été considérée comme supérieure à toute
autre forme de connaissance, que cette supériorité est
devenue un article de foi et que cet article de foi est l'une
des causes de la crise dans laquelle est plongé le monde
aujourd'hui. C'est ce que pensait Husserl (1859-1938), le
fondateur de la phénoménologie. Mathématicien comme
Ansermet, il a voulu montrer aux scientifiques de son
temps que leurs sciences n'existeraient pas s'il n'y avait
pas d'abord chez eux comme chez tout être humain un
rapport naturel de la conscience aux choses. Perdant de
vue ce rapport, ils perdaient de vue le sujet et s'enfer-
maient de ce fait dans une conception non critique de
la science. Pour remédier à cette forme d'inconscience,
il a entrepris d'étudier systématiquement les *phénomènes*,
c'est-à-dire, conformément au sens premier de ce terme
d'origine grecque, "les choses telles qu'elles se présentent"
à la conscience. Il a accompli une œuvre imposante, qui

a exercé une grande influence sur la philosophie contemporaine, mais il est une chose qu'il n'a pas faite : passer,
comme Ansermet, des phénomènes tels que perçus par le
sujet au sujet autonome. Ansermet a franchi ce pas, mais
il en est un autre qu'il n'a pas fait, du moins pas explicite-
ment, et que je tiens pour nécessaire : mener à son terme
la critique de la connaissance scientifique – ce qui ne veut
pas dire rejeter la science, mais prendre conscience de ce
qu'elle est, et de sa juste place, qui est seconde par rapport à l'entendement. Il le faut pour mettre fin à la crise
que Husserl a tenté de résoudre dans *La Crise des sciences
européennes et la phénoménologie transcendantale*, son dernier
grand ouvrage, paru à titre posthume en 1954.

# TABLE DES MATIÈRES

ACHEVÉ D'IMPRIMER
DANS L'UNION EUROPÉENNE
POUR LE COMPTE DES ÉDITIONS ALLIA
EN DÉCEMBRE 2019

ISBN : 979-10-304-2232-0
DÉPÔT LÉGAL : JANVIER 2020